Kontakt
Anzeigen

Gerd Weiss

Kontakt Anzeigen

texten & gestalten

Zum gleichen Themenbereich sind im FALKEN Verlag bereits erschienen:
„Einladungen texten und gestalten" (1484)
„Hochzeits- und Bierzeitungen texten und gestalten" (288)

Die Deutsche Bibliothek – CIP-Einheitsaufnahme

Weiss, Gerd:
Kontaktanzeigen texten und gestalten / Gerd Weiss. –
Niedernhausen/Ts. : FALKEN, 1994
   (FALKEN Bücherei)
   ISBN 3-8068-1549-6

ISBN 3 8068 1549 6

Umschlaggestaltung: Andreas Jacobsen
Layout: Nikolai Krasomil, Wiesbaden
Redaktion: Lars Iffland
Zeichnungen: Sabine Kranz, Frankfurt/Main
Die Ratschläge in diesem Buch sind von dem Autor und vom Verlag sorgfältig
erwogen und geprüft, dennoch kann eine Garantie nicht übernommen
werden. Eine Haftung des Autors bzw. des Verlags und seiner Beauftragten
für Personen-, Sach- und Vermögensschäden ist ausgeschlossen.
Satz: Raasch & Partner GmbH, Neu-Isenburg
Druck: Chemnitzer Verlag und Druck GmbH

817 2635 4453 6271

INHALTSVERZEICHNIS

Vorwort

Wer kennt sie nicht, die vielen privaten Kleinanzeigen, die, meist unter der Rubrik „Bekanntschaften" und besonders an den Wochenenden, einen relativ großen Raum in fast jeder Tageszeitung einnehmen.

Haftete den Kontaktanzeigen noch vor Jahren etwas leicht Anrüchiges an, so sind sie heute allgemein akzeptiert, sie haben sich sogar zu einem wichtigen Wirtschaftsfaktor der Zeitungsverlage entwickelt. Es gibt mittlerweile sogar Zeitungen, die ausschließlich Kontaktanzeigen publizieren, da sich die PartnerInnensuche per Inserat wachsender Beliebtheit erfreut.

Kontaktanzeigen übernehmen eine wichtige gesellschaftliche Funktion: In einer Welt, die zunehmend unter Anonymisierung und Vereinsamung leidet, sind sie ein durchaus brauchbares Mittel, um Leute kennenzulernen. Der Vorteil einer Kontaktanzeige ist dabei deutlich erkennbar: Durch einen geschickt formulierten Text kann gezielt nach Menschen gesucht werden, die zu einem passen. Auf einen glücklichen Zufall warten ist also nicht mehr up to date. Selber aktiv werden und das eigene Schicksal in die Hand nehmen lautet die Devise.

Wer auf der Suche nach neuen Formen der Kontaktaufnahme ist, sollte es auf jeden Fall einmal mit einer Kontaktanzeige versuchen. Ob es nur die Neugierde ist, die kostengünstige Alternative zu den meist sündhaft teuren Partnerschaftsvermittlungen, oder ob es völlig andere Motive sind, die uns leiten: Die Kontaktanzeige liegt voll im Trend, sie ist „in".

Deshalb enthält dieser Ratgeber Vorschläge und Anregungen für diejenigen, die eine Kontaktanzeige aufgeben wollen. Dabei geht es vor allem um die Wahl der richtigen Zeitung, die Kosten, das Chiffreverfahren und um die Formulierung des Textes.

Das umfangreiche Textbeispielkapitel führt anhand vieler origineller Anzeigenideen vor, wie eine Kontaktanzeige aussehen sollte.

Einleitung

Wer glaubt, mit einer Kontaktanzeige ganz selbstverständlich den Mann bzw. die Frau der Träume zu finden, die/der wird wahrscheinlich eine herbe Enttäuschung einkalkulieren müssen. Andererseits lassen sich durch Kontaktanzeigen auf jeden Fall neue Leute kennenlernen.

Der erste Tip muß deshalb lauten: Bleiben Sie realistisch, und gehen Sie nüchtern an die Sache heran!

Am sinnvollsten ist es, sich zunächst einmal klar zu machen, daß meistens die Beziehungen gut funktionieren, in denen beide Partner viele Gemeinsamkeiten aufweisen. Deshalb ist erst mal eine Selbstbeschreibung angeraten: Welche Eigenschaften, Einstellungen und Hobbys habe ich? Wie wichtig ist mir mein Beruf? Wo liegen meine Stärken, wo meine Schwächen? Wie stehe ich zum Sex?

Nachdem die wichtigsten Punkte dieses Selbstporträts notiert sind, schließt sich die Frage an, wer zu einem passen könnte. Welche Eigenschaften sollte die/der zukünftige PartnerIn haben? Welche auf keinen Fall? Sollte sie/er einen bestimmten Beruf haben, ein bestimmtes Bildungsniveau? Gibt es irgendwelche Vorstellungen bezüglich des Aussehens? Ergebnis dieser Überlegungen ist meistens eine Liste, aus der hervorgeht, was erwünscht wird – und was nicht.

Nun kommt die Frage nach der angestrebten Beziehung. Bin ich, eventuell nach einer Enttäuschung, überhaupt schon frei für eine neue Beziehung? Wie soll die Partnerschaft aussehen? Eher locker und unverbindlich oder fest und auf Dauer angelegt? Wie sieht es mit Kindern aus?

In diesen Punkten sollte Klarheit bestehen. Deshalb gehören sie auch in die Anzeige hinein.

Erst wenn diese „Hausaufgaben" gemacht sind, kann mit dem Texten der Anzeige begonnen werden. Vorher sind allerdings noch ein paar wichtige formale Dinge zu erledigen.

Formalitäten

Die richtige Zeitung

Es gibt natürlich eine ganze Reihe von Zeitungen, in denen Kontaktanzeigen aufgegeben werden können. Die verschiedenen Publikationen sprechen aber unterschiedliche LeserInnenkreise an, so daß sich InserentInnen überlegen müssen, welche Zielgruppe für sie interessant ist. Meistens ergibt sich aus dieser Fragestellung heraus schon die richtige Zeitung für das Inserat.

Wichtig ist der Verbreitungsgrad der Publikation: Wo erscheint sie, und wie hoch ist die Auflage?

In der Regel stehen folgende Zeitungen zur Auswahl:

▶ Die lokalen Tageszeitungen sind auf die jeweilige Region beschränkt. Diese Blätter erreichen ein breites, eher bürgerliches Spektrum von LeserInnen. Wer ortsgebunden ist und eine feste Beziehung sucht, sollte es hier einmal versuchen.

▶ Bei überregionalen Tageszeitungen mit bundesweiter Verbreitung (z. B. „Frankfurter Rundschau" und „Süddeutsche Zeitung") lohnt sich ein Inserat nur, wenn die/der InserentIn entweder sehr mobil und ortsungebunden ist, oder wenn in der Anzeige von vornherein um Zuschriften aus einer bestimmten Region gebeten wird. Empfehlenswert ist dann die Angabe der ersten beiden Ziffern der Postleitzahl, z. B. „Zuschriften bitte nur aus dem Raum 65". Das erspart so manche frustrierende Erfahrung, denn was nutzt es zum Beispiel einer Inserentin, die in Hamburg wohnt, wenn sie ein vielversprechendes Antwortschreiben eines sympathischen Münchners erhält?

Die überregionalen Tageszeitungen sprechen außerdem ganz bestimmte LeserInnenkreise an, da sie auch ihre jeweilige politische Weltanschauung mitverkaufen.

So wird ein CDU-Anhänger wohl kaum mit einer Anzeige in der „Frankfurter Rundschau" nach einer Partnerin suchen.

▶ Lokale Wochenzeitungen haben den Vorteil, daß sie in der jeweiligen Region große LeserInnenkreise erreichen, da sie kostenlos an jeden Haushalt verteilt werden. Einschränkend muß allerdings hinzugefügt werden, daß der überproportionale Anteil an Werbung diese Blätter weniger attraktiv macht und so manche(n) abschreckt. Keiner weiß genau, wieviele dieser Blätter ungelesen beim Altpapier landen.

▶ Die sogenannten Stadtzeitungen haben in der Regel einen sehr eng begrenzten LeserInnenkreis. Es werden hauptsächlich jüngere Menschen und Leute angesprochen, die sich einer bestimmten „Szene" zugehörig fühlen.

▶ Spezielle Zeitungen und Zeitschriften, die nur für den Kleinanzeigenmarkt erdacht wurden, lassen sich in zwei Kategorien einteilen:

■ Blätter wie z. B. „Der heiße Draht" drucken Anzeigen aller Art ab, also auch Rubriken wie „Verkäufe" und „Automarkt".

■ Blätter wie z. B. „Privat" drucken dagegen ausschließlich Bekanntschaftsanzeigen.

Da diese Publikationen käuflich erworben werden müssen, beschränkt sich ihr – zumeist überregionaler – Verbreitungsgrad natürlich nur auf LeserInnen, die bereit sind, für ein reines Anzeigenblatt Geld zu investieren.

▶ Die Aufgabe einer Kontaktanzeige in Zeitschriften wie zum Beispiel „sexy" ist gut zu bedenken, da deren Leserschaft und Zielgruppe mehr oder weniger eindeutige Absichten hat, die sich leicht am Erscheinungsbild und Image des jeweiligen Blattes ablesen lassen. Also nichts für Menschen, die eine Partnerschaft eher traditioneller Ausrichtung bevorzugen.

Fazit: Am besten geeignet sind wohl die Zeitungen, die von den InserentInnen selber regelmäßig gelesen werden.

Die Kosten

Da der Abdruck einer Kontaktanzeige in der Regel nicht kostenlos ist, sollte vorher unbedingt die Kostenfrage geklärt werden, weil es ansonsten zu bösen Überraschungen kommen kann.

Die Preise differieren so stark, daß keine allgemeingültige Aussage getroffen werden kann. Als unverbindliche Faustregel kann vielleicht gelten, daß sich die Kosten am Verbreitungsgrad bzw. der Auflage orientieren; das heißt lokale Tageszeitungen sind häufig wesentlich preiswerter als die überregionalen.

Da die Preise nach unterschiedlichen Kriterien berechnet werden (hier pro Millimeter, dort pro Zeile), macht der Vergleich eine Umrechnung erforderlich. Hinzu kommt, daß die Spaltenbreiten und damit auch die Anzahl der Zeichen pro Zeile variieren, so daß die folgenden Beispiele nur Anhaltswerte sind (Stand 1994):

- Lokale Tageszeitung (Kleinstadt) ca. 4,00 DM/Zeile
- Lokale Tageszeitung (Großstadt) ca. 10,00 DM/Zeile
- Überregionale Tageszeitung ca. 20,00 DM/Zeile
- Lokale Wochenzeitung ca. 3,50 DM/Zeile

Der Abdruck von Anzeigen in Stadtzeitungen und einigen anderen Zeitungen und Zeitschriften ist für die InserentInnen häufig kostenlos oder zumindest sehr preisgünstig.

Zu den reinen Inseratskosten ist noch jeweils eine Chiffre-Gebühr zu entrichten, die sich zwischen 4,50 DM und 18 DM bewegt, je nachdem, ob bei der Zeitung eingehende Zuschriften persönlich abgeholt werden oder ob deren Zusendung gewünscht wird.

Zur Veranschaulichung mag folgende Kontaktanzeige dienen (Originalgröße: einspaltig, 45 x 20 Millimeter, 35 Anschläge pro Zeile, insgesamt 7 Zeilen):

Wenn ich (m., 26/184/81) mit dieser Anzeige nicht den gewünschten Erfolg habe, dann lasse ich mich einfrieren, bis die Zeit reif ist für eine Frau, die mein Bedürfnis nach einer harmonischen Partnerschaft teilt.
Zuschriften unter AB 12345.

Für diese Anzeige wären in den verschiedenen Zeitungen in etwa folgende Kosten zu veranschlagen (in Klammern die zusätzliche Chiffre-Gebühr):

- Lokale Tageszeitung (Kleinstadt) ca. 30 DM (ca. 7 DM)
- Lokale Tageszeitung (Großstadt) ca. 70 DM (ca. 9 DM)
- Überregionale Tageszeitung ca. 150 DM (ca. 17 DM)
- Lokale Wochenzeitung ca. 25 DM (ca. 6 DM)

Nun gilt es zwar, Preisvergleiche anzustellen, aber deshalb sollte nicht unbedingt der günstigste Verlag ausgewählt werden. Da ist die Ausrichtung auf die richtige Zielgruppe doch wichtiger. Die Mehrkosten sind sicherlich gut angelegtes Geld, wenn dadurch die Erfolgsaussichten der Anzeige steigen.

Das Chiffre-Verfahren

Es wird wohl kaum jemand auf die Idee kommen, in einer Kontaktanzeige die eigene Telefonnummer oder gar Adresse abdrucken zu lassen. Es könnten sonst auch einmal unliebsame AnruferInnen in der Leitung sein oder sogar ungebetene Gäste vor der Haustür stehen.

Die Zuteilung einer Chiffre-Nummer gewährleistet die Anonymität der InserentInnen und bietet damit Schutz vor diesen möglichen negativen Begleiterscheinungen. Die Verlage sind zur Geheimhaltung der AuftraggeberInnen verpflichtet und dürfen keinerlei Auskünfte über sie erteilen.

Die Chiffre-Nummer, die meistens aus Einzelbuchstaben und Zahlen besteht, wird am Ende des Anzeigentextes abgedruckt. Das ermöglicht es den InteressentInnen, gezielt zu antworten.

Da es ein Gebot der Fairneß ist, sollten InserentInnen nicht nur denen antworten, die in die engere Wahl gezogen wurden, sondern auch jenen, die nicht in Frage kommen. Es reicht ein kurzes Anschreiben oder Telefonat unter Nennung der Chiffre-Nummer, so daß die eigene Anonymität nicht gefährdet wird.

In diesem Zusammenhang sei noch darauf hingewiesen, daß der Schutz der Geheimhaltung aufgehoben werden kann, wenn ein(e) OffertenschreiberIn die Rückgabe eines beigelegten Fotos gerichtlich einklagt. Deshalb bitte die rechtlich geschützte Intimsphäre der antwortenden Menschen respektieren.

Die Textgestaltung

Wir wissen nun ungefähr, wie unser(e) WunschpartnerIn sein sollte und welche Art von Beziehung angestrebt wird. Auch die richtige Zeitung ist gefunden.

Jetzt hängt alles vom Anzeigentext ab. Dieser Text ist eine Art Visitenkarte, eine Kurzbeschreibung der InserentInnen, an der sich die LeserInnen orientieren müssen. Deshalb sollte die Anzeige ein realistisches Bild der InserentInnen zeichnen; darüber hinaus sollte sie unmißverständlich formuliert sein.

Damit das eigene Inserat nicht in der Fülle der übrigen Anzeigen untergeht, gilt es, eine möglichst attraktive Kontaktanzeige aufzugeben, um sich aus der Masse abzuheben. Mit Humor, Originalität und ein bißchen Frechheit im positiven Sinne ergeben sich die größten Erfolgsaussichten.

Vermeidbare Fehler

Einige typische Fehler bei der Textgestaltung sind nicht selten für einen Mißerfolg verantwortlich. So sollte auf die Verwendung von Wörtern und Formulierungen wie „Nach großer Enttäuschung", „Einsam(keit)" oder „Hilfe" verzichtet werden, da sie zu unattraktiv sind und einen eher negativen Eindruck vermitteln.

Aber auch Floskeln wie „hübsch", „nett", „freundlich" oder „ehrlich" sollten vermieden werden, da sie wenig aussagekräftig sind und meist als selbstverständlich vorausgesetzt werden. Ähnlich ist es bei Wörtern wie „häuslich" oder „Treue", die eher gelangweiltes Desinteresse hervorrufen.

Immer wieder findet sich der Hinweis „Kind kein Hindernis". Diese Formulierung klingt so, als ob ein Kind mehr oder weniger wohlwollend in Kauf genommen werde. Wer also ernsthaft an Kindern interessiert ist, die/der sollte es durch eine positive Aussage, wie „Kinder wären mir sehr lieb" auch dokumentieren.

Natürlich muß bei der Textgestaltung auch darauf geachtet werden, daß keine Widersprüche entstehen. Wer sich als „freiheitsliebend" bezeichnet, wird wohl kaum nach einer „festen Beziehung" suchen. Das ist nicht nur peinlich, sondern es entsteht bei den LeserInnen auch der Eindruck, daß sich die/der InserentIn wenig Gedanken über ihre/seine eigene Person gemacht hat.

Wenn nicht wirklich eine entsprechende Reaktion auf Wörter wie „sinnlich", „wohlproportioniert" oder „leidenschaftlich" gewünscht wird, sollte darauf verzichtet werden. Deren Verwendung spricht hauptsächlich LeserInnen an, die dahinter die Lust auf sexuelle Abenteuer vermuten.

Es kommt also vor allem darauf an, keinen Raum für Mißverständnisse zu lassen und keine Erwartungen zu wecken, die nicht erfüllt werden können. Also bitte auch keine Beschreibungen abdrucken lassen, die ein Wunschbild der eigenen Person zeichnen, sondern wahrheitsgemäß und nüchtern die eigenen Ansprüche und Eigenschaften schildern.

Nicht selten wird der Fehler gemacht, eine zweite, identische Kontaktanzeige nachzuschieben, wenn die Resonanz auf den ersten Abdruck nicht den Erwartungen entsprach. Gegen die Aufgabe einer zweiten oder auch von mehreren Annoncen ist grundsätzlich nichts einzuwenden, nur sollten Inhalt und Formulierungen variiert werden, da sonst der Eindruck entsteht, daß die/der InserentIn ein Ladenhüter ist.

Das gut formulierte Inserat

Es gibt sicherlich kein Patentrezept, das garantiert zum Erfolg führt; dafür sind die Charaktere der Menschen zu verschieden. Dennoch sind einige Tips beachtenswert, die die Chance erhöhen, daß die/der Richtige antwortet.

Die Resonanz auf eine Kontaktanzeige wächst mit der Originalität und Attraktivität des Textes, da viele LeserInnen, auf der Suche nach interessanten Angeboten, die Anzeigen lediglich überfliegen und nur dann weiterlesen, wenn sie sich von Beginn an angesprochen fühlen. Die Anzahl der vielversprechenden Antworten kann also von den ersten Worten eines Inserates abhängen. Daher sollte nach einem Anfangssatz Ausschau gehalten werden, der für Aufmerksamkeit sorgt. Diesem Einführungssatz folgen dann Angaben zur Person, also das Geschlecht, das Alter, die Größe und unter Umständen das Gewicht. Wer mag oder wem es wichtig erscheint, die/der fügt noch den Bildungsstand, den Beruf und/oder das eventuell vorhandene Glaubensbekenntnis an.

Die Schilderung der Charaktereigenschaften und eine Beschreibung des Aussehens bilden meist den Kern einer Kontaktanzeige. Hier lohnt es sich, so lange am Text herumzufeilen, bis wirklich alles stimmig ist. Die beiden Wortfelder „Charaktereigenschaften" und „Aussehen" auf Seite 17 und 18 sollen dabei helfen.

Auch die Angabe von Interessen und Hobbys darf natürlich nicht fehlen. Die LeserInnen können sich dann ein komplettes Bild machen und prüfen, ob genügend Gemeinsamkeiten vorhanden sind.

Es ist durchaus nicht immer erforderlich, konkrete Formulierungen zu wählen, wenn Absichten und Erwartungen auch zwischen den Zeilen herausgelesen werden können. So ist zum Beispiel die Angabe „humorvoll" überflüssig, wenn die Gesamtpräsentation der Anzeige Humor ausstrahlt.

Trotz der Informationsfülle, die jede Kontaktanzeige bieten muß, lautet die oberste Regel: In der Kürze liegt die Würze. Denn fast niemand hat Lust, sich bei der Vielzahl der Angebote durch einen langen Text zu quälen. Das hat übrigens auch den positiven Nebeneffekt, daß sich die Inseratskosten in Grenzen halten.

Fazit: Ein wenig Arbeit muß für die Formulierung einer Kontaktanzeige schon investiert werden, wenn sie alle wichtigen Bedin-
gungen erfüllen soll:

■ Die Anzeige soll originell sein und Aufmerksamkeit erregen.

■ Das InserentInnen-Bild, das sie zeichnet, muß stimmen.

■ Das Inserat darf auf keinen Fall zu lang werden.

Eine gelungene Kontaktanzeige könnte dann wie folgt aussehen:
Unbedingt weiterlesen! Sportliche und musische Frau (32/174/62)
mit Stärken und Schwächen sucht einen interessanten Mann, mit
dem sie einen Teil ihrer Freizeit sinnvoll gestalten möchte. Casano-
vas können das Porto sparen! Zuschriften unter 1234.

Wortfeld „Charaktereigenschaften"

aktiv	großzügig	reisefreudig
alternativ	herzerfrischend	romantisch
anlehnungs-	humorvoll	scharfsinnig
bedürftig	intelligent	schüchtern
ambitioniert	keck	selbständig
amüsant	kinderlieb	selbstbewußt
anspruchsvoll	kokett	selbstsicher
aufgeweckt	konservativ	sensibel
aufmerksam	kreativ	spontan
ausgelassen	kritisch	temperamentvoll
begeisterungsfähig	kultiviert	tierlieb
bindungsfähig	lässig	traditionsbewußt
charakterstark	lausbubenhaft	unabhängig
charismatisch	leicht verrückt	unartig
charmant	liebenswürdig	ungebunden
couragiert	liebevoll	unkompliziert
dynamisch	lustig	unkonventionell
eheerfahren	menschlich	unternehmens-
einfühlsam	mit Esprit	lustig
emanzipiert	modern	VegetarierIn
engagiert	mutig	verantwortungs-
entwicklungsfähig	nachdenklich	voll
ernsthaft	naturverbunden	verschmust
etwas chaotisch	neckisch	verspielt
extrovertiert	neugierig	verständnisvoll
fair	NichtraucherIn	verträumt
feinsinnig	niveauvoll	vielseitig
flexibel	offen	vital
frauenbewegt	ökologisch	warmherzig
frech	orientiert	weltoffen
Frohnatur	optimistisch	witzig
gebildet	peppig	zärtlich
geheimnisvoll	pfiffig	zielstrebig
gesellig	phantasievoll	zurückhaltend
gläubig	positive Ein-	zuverlässig
Gourmet	stellung	zuvorkommend

Wortfeld „Aussehen"

adrett	flippig	modebewußt
ansehnlich	gebraucht	mollig
athletisch	gepflegtes	natürliche Aus-
attraktiv	Äußeres	strahlung
auffallend	gestyled	ohne Toupet
ausgefallen	gewagt	Paradiesvogel
bärtig	gewichtig	rauhe Schale
beneidenswert	göttlich	rundlich
blond	graue Schläfen	rüstig
bodygebuildet	groß	rustikale
breitschultrig	grüne Augen	Erscheinung
brünett	imposant	schlank
chic	im Trend	sehenswert
das (un)gewisse	interessant	sonnengebräunt
Etwas	jugendlich	sportlich
diskutabel	jünger aussehend	stilbewußt
dunkler Typ	jünger wirkend	unverwechselbar
(Haare)	knabenhaft	vieräugig
durchschnittlich	kompakt	vollschlank
einmalig	kräftig	von Jeans bis
elegant	langhaarig	Abendkleid/
elfenhaft	leger	Anzug
extravagant	mädchenhaft	vorzeigbar
feingliedrig	maskulin	zeitlos
feminin	mit Sommer-	zierlich
fetzig	sprossen	zottelig

Gestaltungsmöglichkeiten

Eine Kontaktanzeige kann nicht nur durch einen originellen Text, sondern auch durch eine ansprechende optische Gestaltung aufgewertet werden. Bevor diese Möglichkeit in Anspruch genommen wird, ist allerdings eine Anfrage beim Zeitungsverlag ratsam, inwiefern Sonderwünsche die Anzeigenkosten erhöhen.

Von den meisten Verlagen werden die folgenden Gestaltungsmöglichkeiten angeboten:

▶ Fettdruck
▶ Sperrschrift
▶ verschiedene Schriftarten
▶ Großbuchstaben
▶ Hervorhebung von Überschriften
▶ unterschiedliche Ausrichtungen des Textes: rechts-, linksbündig, auf Mitte
▶ Umrahmung der Anzeige

Viele Zeitungen drucken den ersten Satz bzw. die ersten Wörter einer Kontaktanzeige automatisch in fetter Schrift.

Bei den Umrahmungen ist meistens eine Auswahl zwischen einfacher, doppelter oder fetter Ausführung möglich.

Schließlich gibt es noch die Möglichkeit, die Anzeige über zwei Spalten laufen zu lassen.

Die folgenden Beispielanzeigen sollen demonstrieren, wie diese verschiedenen Gestaltungsmöglichkeiten genutzt werden können.

T   E   S   T

Bekanntschafts-Blitz-Test nach Prof. Dr. Tolcmán.
Bitte beantworte die nachfolg. Fragen (zutreffendes ankreuzen):

JA	NEIN	
O	O	28–35 Jahre
O	O	1,66–1,74 m groß
O	O	schlank, hübsch

bei 0–2 Ja-Antworten: bitte bei der nächsten Anzeige weiterlesen
bei 3 Ja-Antworten: bitte Test fortsetzen

JA	NEIN	
O	O	humorvoll, aufgeschlossen
O	O	Interesse an Literatur, Musik, Kultur
O	O	Interesse an Geschichte, Zeitgeschehen
O	O	sportlich
O	O	reise-, unternehmungslustig
O	O	bindungswillig, -fähig

bei 0–3 Ja-Antworten: hoffnungsloser Fall, danke f. Testteilnahme
bei 4–6 Ja-Antworten: bitte ausgef. Test mit Bild und weiteren
Angaben an mich – 40, 177, erfolgr. Untern., 6 Jas – senden,
✉ AB 1234 Unterl. gar. zur.

Ich will die Frau, die's noch nicht gibt!

- von unkompliziert bis kompliziert
- von feminin bis androgyn
- lieber dunkel und groß als blond und klein
- von sinnlich bis übersinnlich
- eher temperamentvoll und witzig als sich vegetarisch langweilend
- lieber stilvoll als stillos
- befähigt zum emotionalen Tiefgang statt Oberflächengeschürfe
- Hirn und Herz
- finanziell unabhängig oder vielleicht selbständig
- lieber jung denkend als alt fühlend (30±5 Jahre)
- selbstsicher/tough/ihren eigenen Mann stehend
- parkettsicher, offen für alle angenehmen Seiten/Dinge und Genüsse des Lebens
- Skorpione, Jungfrauen, Löwen, Krebse, Stiere, Fische werden eindeutig bevorzugt!

Dein Short cut inclusive Bildzuschrift erreicht mich unter
✉ AB 1234

Tema con variazioni

Einen Sommer lang miteinander wandern (Ost-, Westalpen, Pyrenäen, Griechenland …) oder segeln in südlichen Gewässern, stille Tage am Meer … vielleicht schon dieses Jahr … oder … Wie im täglichen Leben sind dazu erforderlich:

**Mut und Toleranz,
Achtung und Behutsamkeit,
Freude und Begeisterungsfähigkeit,
Geben und Nehmen.**

Möchten Sie (50–60) mit einer berg- und talerfahrenen Partnerin (lebendig, warmherzig, gute Optik, künstlerischer Beruf) solches und anderes erleben?
Variationen: Zuschriften unter ⊠ AB 1234

66 km westlich von Köln

Du bist weiblich, natürlich, jünger, klein, mittel oder groß, magst lieber Woody Allen u. A. d. Saint-Exupéry als Richard Gere u. M. Simmel und hast ein Faible f. eine zärtliche, innige Beziehung
Ich bin männl., 48, schl., sportl., mittelgr., begeisterungsfähig, aber auch gelassen u. ruhig, etw. lebens-, ehe- und selbst-erfahren, erfolgreich akad. freiberuflich
Chiffre AB 1234

ICH BIN

eigentlich anstrengend, weil:

stark + verletzbar
witzig + ernst
realistisch + romantisch
besorgt + unbekümmert
lächelnd + traurig
flexibel + dickköpfig
lebhaft + ruhig
leichtsinnig + überlegend
u. v. m.

Übrigens gibt es mich in Miniatur-ausgabe nochmals.
But – I am (41/1,73/55) what I am.
Welcher große, schlanke,
gut situierte „Traummann"
traut sich?
Chiffre AB 1234

Originelle und freche Textbeispiele

Wegen der besseren Übersicht wurden die folgenden Textvorschläge in verschiedene Rubriken unterteilt. Zum einen selbstverständlich nach weiblichem und nach männlichem Geschlecht, zum anderen aber auch nach Typen.

Da eine eindeutige Zuordnung nicht immer möglich ist und Überschneidungen nicht ausgeschlossen werden können und sollen, weil zum Beispiel eine Unkonventionelle natürlich gleichzeitig auch eine Aktive und/oder eine Humorvolle und so weiter sein kann, ist die Gliederung nur als Anhaltspunkt, als eine Art Orientierungshilfe gedacht.

Es erscheint daher ratsam, nicht nur die Vorschläge zu lesen, die dem eigenen Typ am nächsten kommen, sondern die gesamte Palette auf sich wirken zu lassen. Das bietet Lesespaß und Inspirationen, die durch die vielfältigen Kombinationsmöglichkeiten eröffnet werden. Durch Einbringen der eigenen persönlichen Daten, Eigenschaften und Ansprüche lassen sich so Texte für Kontaktanzeigen gestalten, die die jeweilige Individualität zum Ausdruck bringen.

Sie sucht ihn

Die Romantische

Paradies gesucht! Gefühlvolle Frau (31/171) sucht den sensiblen Mann, der sie in den Garten Eden entführt. Chiffre …

Nie erwachsenwerdende Frau, 34/168, mit starkem Hang zur Romantik, sucht den begeisterungsfähigen Mann mit einer gehörigen Portion Zivilcourage. Antworten bitte ohne Sprechblasen! Chiffre …

Gibt es denn im ganzen Sonnensystem keinen freien Mann mehr, der mit mir (w., 28/170) in die Sterne schauen und träumen möchte? Galaktische Antworten bitte unter ✉ …

Träume habe ich selber genug. Was mir (w., 37 J.) noch fehlt, ist ein Mann, der mir meine Wünsche von meinen rehbraunen Augen abliest.

Engelchen (25/170) sucht Teufelchen (bis 30 J., schlank) für gemeinsamen Sonnenunter- und -aufgang im siebten Himmel. Du solltest ein offener und gefühlsbetonter Typ sein, kein Biedermann! Chiffre …

Mir (w., 27/176) fehlt etwas: Das Frühstück zu zweit, der Guten-Morgen-Kuß, die liebevolle Begrüßung nach getaner Arbeit. Welchem schlanken Mann geht's ähnlich? Chiffre …

In meinen Träumen wärmst Du (m., um 30) mir immer meine kalten Füße. Es wird also Zeit, daß ich (23/176) Dich endlich gegen meine Wärmflasche austauschen kann. Chiffre …

Betörendes weibliches Wesen, 19 J., sucht einen sehr romantischen Mann bis 25 J., der ihr Märchen vorliest, sie in den Schlaf singt und am Morgen wachküßt. Rambo-Typen können weiterlesen! Chiffre …

Regenbogen symbolisieren das Leben: Sonne und Regen, Licht und Schatten. Romantische Frau mit vielen Vorzügen, aber auch kleinen Mängeln, 40 J., sucht einen gebrauchten Mann ohne Spleen. Chiffre …

Laura, 34/171/62, sucht einen Mann mit Auto für Fahrten ins Blaue oder Grüne. Bloß kein GTiiiih-Fahrer! Chiffre …

Frau, 37 J., mit dem Kopf im Himmel und den Füßen auf der Erde, sucht einen entwicklungsfähigen Mann, der sich zumindest noch Reste seiner Träume bewahrt hat. Chiffre …

Wieder alleine in den Urlaub – verliebten Paaren nachsehen? Nein! Humorvolle Sie (26/165/60) sucht sympathischen Mann mit Ausstrahlung, der ihren Wunsch nach harmonischer Zweisamkeit teilt. Chiffre …

Geht Dir (m., schlank) ein Licht auf, wenn ich (w., 32/168) Dir sage, daß Frauen umschwärmt sein möchten? Wenn Du Dir Mühe gibst, erwartet Dich eine gefühlvolle, kecke Frau. Bitte keine Macho-Typen! Chiffre …

Hessen hat auch seine Reize: Zum Beispiel mich (w., 29/177)! Ich mag Tanzen, Spazierengehen und viel Romantik. Wenn Du (m., groß, vorzeigbar) ähnlich denkst, dann melde Dich doch bitte unter ✉ …

Ich bin verliebt in die Liebe!
Frau, 28/164/56, möchte sich mal wieder Hals über Kopf in einen tollen Mann verlieben. Chiffre …

Stop! Sehr gefühlsbetonte, schlanke, attraktive Frau, Mitte 30, möchte sich wieder verlieben. Wo ist der einfühlsame, naturverbundene und romantische Mann, der mich auf Händen trägt? Chiffre …

Elfenhaftes weibliches Wesen (24/166) sucht himmlischen Typen für Wolke Nummer 7. Chiffre …

Frau, 34/165/57, möchte mal wieder »wir« sagen können! »Wir« gehen spazieren, »wir« gehen ins Kino, »wir« fahren in Urlaub, »wir« haben geheiratet … »Wir« sollten uns einmal unverbindlich treffen! Chiffre …

Er liebt mich – Er liebt mich nicht – Er liebt mich – Er … ! Ich (w., 31/168/60) erwarte die Antwort eines romantischen Mannes unter ✉ …

Die Konservative

Verliebt, verlobt, verheiratet! In dieser Reihenfolge wünscht sich eine Frau mit Persönlichkeit (41 J.) den Ablauf der Beziehung mit einem empfindungsreichen Mann. Bitte keine Pokerface-Typen! Chiffre …

Farbe bekennen, meine Herren! Frau, 34/167/64, möchte einen feinfühligen, verantwortungsbewußten Mann bis Ende 30 kennenlernen, der sich vorstellen könnte, zusammen mit ihr alt zu werden. Chiffre …

Flitterwochen – wo wollen wir sie verbringen? Aber der Ort ist ja eigentlich egal, Hauptsache wir lieben uns. Attraktive Frau, 30 J., sucht einen interessanten Mann, der sich auch fest binden möchte. Chiffre …

Mein (w., 27/169/58) Nachname ist so scheußlich, daß ich unbedingt heiraten muß, damit ich diesen Fluch loswerde. Welcher Mann hat neben seinem tollen Namen auch den entsprechenden Charakter zu bieten? Chiffre …

Wein, Weib und Gesang? Wie wäre es mit Champagner, Weib und Hochzeit? Unverbesserliche Frau (33 J.) möchte den bodenständigen, aber trotzdem vergnüglichen Mann kennenlernen, der die zweite Frage mit Ja beantwortet. Chiffre …

Nichts ist leichter als das: Inserieren, Antworten durchlesen, sich treffen, sich verlieben und dann heiraten! Frau, 32/167, hat da noch leichte Zweifel. Vielleicht überzeugt mich ja ein sympathischer Mann vom Gegenteil. Chiffre …

1 Mark Briefporto könnte eine lohnende Investition für einen einfühlsamen Mann sein, der auf meine Anzeige antwortet. Ich (28/172) bin aber keine Frau für eine Nacht. Chiffre …

Gewinnen Sie (m.) meine Liebe, verlieren Sie Ihr Herz an mich (w., 41/169)! Gesucht wird der niveauvolle Mann, der sich auch eine feste Bindung wünscht. Chiffre …

Männliche Hauptrolle in meinem (w., 31/167) Leben zu besetzen! Sie sind ein Mann bis ca. 35 J., mit Pep und verläßlich? Dann sollten Sie unbedingt einmal bei mir vorsprechen! Chiffre …

Mann für gewisse Stunden? Nein Danke! Da setze ich, 36 J., vielseitig interessiert, doch lieber auf einen soliden Mann, dem traditionelle Werte noch etwas bedeuten. Chiffre …

Teamfähig? Frau (38/169) und zwei Töchter (5 und 7 J.) nehmen neues, humor- und vertrauensvolles männliches Mitglied in ihr Schlaraffenland auf. Bitte nur Nichtraucher und keine Paradiesvögel! Chiffre …

Kleiner Mann, was nun? Richtig, Du solltest einen langen Brief an eine Frau (28/156) schreiben, die über kurz oder lang heiraten möchte. Chiffre …

Hosen runter, meine Herren! Wollen Sie nur ein Abenteuer, oder ist Ihnen, wie mir, an einer festen Partnerschaft gelegen? Ich (32/168) freue mich über jede ernstgemeinte Zuschrift unter ✉ …

Spiel mir das Lied von der Liebe! Eine Frau mit allen anzeigenüblichen Vorteilen, 34/169/57, möchte bei einem aufrechten und humorvollen Mann bis 40 J. das Notenblatt studieren. Chiffre …

Atemberaubende Frau, 40/171, sucht den begehrenswerten Mann, der noch genügend Luft für die gemeinsame zweite Lebenshälfte hat. Bitte keine Windhunde! Chiffre …

Große Ereignisse werfen ihre Schatten voraus! Bevor wir unser berauschendes Hochzeitsfest feiern, schlage ich (w., 27 J.) Ihnen vor, daß wir uns zunächst einmal kennen- und liebenlernen. Chiffre …

Die Unkonventionelle

Nur in dieser Stadt zu haben! Individualistin, 24 J., mit großen Plänen, Hoffnungen und Träumen, sucht einen unbürgerlichen Typen bis Mitte 30, der seine Zukunft nicht schon hinter sich hat. Chiffre …

Gemeinsam den Sonnenuntergang beobachten, verträumt vor einem Kaminfeuer sitzen, …? Meine Güte, wie kitschig! Bewegliche Frau (32/170) sucht einen zwar auch romantischen, aber keineswegs spießigen Mann. Chiffre …

Zivilisationsmüde Frau, 39 J., möchte mal aus dem Alltag ausbrechen. Welcher spontane, flexible, unkonventionelle und liebe Mann kann kreative Vorschläge machen? Chiffre …

Pfiffige Seeräuberin (24/174/58) möchte gerne Dein Piratenschiff entern und dann gemeinsam mit Dir (groß, schlank, leicht verrückt) den weiteren Kurs bestimmen. ✉ …

Nervenkitzel gefragt? Etwas chaotische Sie, 28/176/68, könnte für reichlich Spannung und Trubel in Deinem (m., nicht zu alt) Leben sorgen. Wenn Du das wirklich willst, dann antworte mir! Chiffre …

Steckbrieflich gesucht: Mann, um die 30, schlank, vermutlich intelligent und zärtlich. Hinweise bitte an Frau, 27/171, immer gut drauf und unkonventionell. Chiffre …

Wo bei anderen das Herz vermutet wird, habe ich (w., 34 J.) noch zusätzlich einen »Atomkraft? Nein Danke.«-Button. Welcher linke (nicht linkische) Typ möchte ab und zu mit mir um die Häuser ziehen? Chiffre …

Du kannst mich mal – kennenlernen! Voraussetzung: Du, m., bis 30 J., schlank, humorvoll, kein Spießbürger, antwortest mir möglichst schnell. Ich (w., 23/171) freue mich darauf. Nur Mut! Chiffre …

Karatefrau mit schwarzem Gürtel, 24 J., engagiert, hart aber gerecht, sucht den scharfen Typen in Lederjacke und Turnschuhen, der die wenigen schönen Seiten des Lebens noch genießen kann. Bloß keine Reaktionen von abgehalfterten Playboys und Anzugtypen. Chiffre …

Du bist ein männlicher, dynamischer Supermann? Schön für Dich! Mir (w., 27 J., sinnlich und aufgeschlossen) ist aber einer dieser tollen langhaarigen, alternativen Typen lieber, die nicht als Karikatur durch's Leben huschen. Chiffre …

Per pedes statt Mercedes!
Welcher bewegliche, ökologisch orientierte Mann möchte mit mir (w., 31 J.) eine Wanderung durch das Leben machen? Chiffre …

Exfreund in liebevolle Hände abzugeben! Er ist groß und schlank, sieht gut aus und ist auch sonst ein interessanter Mann Mitte 30; mir aber zu häuslich. Bei dieser Gelegenheit könnte sich auch gleich ein unternehmungslustiger Mann melden, der mal mit mir (32/174) ausgehen möchte. Chiffre …

Sie sind ein hochdotierter Beamter? Bleiben Sie sitzen und warten Sie auf Ihre Pensionierung! Ich (w., 32/171/62) stehe nur auf lebhafte und kreative Männer, die noch etwas vom Leben fordern. Chiffre …

Rot-Grün-Lila-Frau, 34 J., mit Interesse für Astrologie und Meditation, möchte einen bunten, neugierigen Typen bis Anfang 40 kennenlernen. Ich suche aber keinen Fanatiker oder gar Guru! Chiffre …

Explosionsartig breiten sich diese Einheitsmänner aus! Wo ist noch ein individuelles männliches Wesen, das mit mir (w., 28/167, unternehmungslustig) die Welt aus den Angeln heben möchte? Chiffre …

Hexe (33 J.) mit schwarzem Kater sucht unerschrockenen Typen für gemeinsame Ausritte auf dem Besen und vielleicht eine spannende feste Beziehung. Chiffre …

Bloß kein Arnold Schwarzenegger-Typ! Amanda, knapp 40 J., 164 cm, manchmal etwas orientierungslos, aber engagiert, möchte einen schlanken Mann bis 45 J. kennenlernen, der noch staunen kann. Chiffre …

Tanja sucht für ihre echt scharfe Mutter einen brauchbaren Typen! Zugegeben, sie ist schon steinalt (34 J.), aber es müßte sich doch irgendein Gruftie finden lassen, mit dem ich sie mal ins Kino schicken kann. Chiffre …

Flower-Power-Girl, 44 J., möchte mit Alt-Hippie in Erinnerungen schwelgen. Chiffre …

Die Abenteuerlustige

Graf Dracula hätte seine Freude an mir! Vollbutweib, 26 J., 172 cm, möchte einen jungen leidenschaftlichen Mann mit Biß kennenlernen. Zahnlose Maulhelden können sich die Antwort sparen! Chiffre …

Neuneinhalb Wochen sind erst der Anfang! Blonde, aber keineswegs dumme Frau, 27/176, sucht dunkelhaarigen Typ mit Dreitagebart bis Anfang 40. Bildzuschriften bitte unter ✉ …

Widder-Frau, 29/171, schlank, voller Phantasien, aber etwas chaotisch, sucht interessanten Mann für eine Ab-und-zu-Beziehung. Chiffre …

Begeisterungsfähige Schneiderin (29/167/62) möchte sich einmal in eine lebhafte Affäre mit einem interessanten Mann bis Mitte 30 verstricken. Chiffre …

Sekt oder Selters – Alles oder nichts! Anspruchsvolle Sie (26/174) sucht den ausdauernden Lover. Chiffre …

Mein Arzt sagt immer, Schmusen sei gesund. Ich (w., 25/169) hoffe, daß ich auch ohne Rezept einen anschmiegsamen Mann bis Mitte 30 kennenlerne, der vor allem zärtlich ist. Chiffre …

Lustige Bankkauffrau (25/176) vermißt das Kribbeln im Bauch! Suche daher einen schlanken, gutaussehenden Ihn nicht unter 28, der mir dieses Gefühl wieder geben kann. Bitte keine Freaks oder Schlappschwänze! Chiffre …

Kim Basinger-Typ, 27/169/61, möchte einen gutgebauten, witzigen und verschmusten Mann kennenlernen. Keine Schickimickitypen oder andere Aufschneider! Chiffre …

Zärtliche Hände von Frau, 26/167, gesucht? Freue mich über jede Bildzuschrift von unausgelasteten Männern bis 35 für gelegentliche prickelnde Treffen. Chiffre …

Verführerische Frau, Ende 20, sucht den langbeinigen, wohlproportionierten Mann bis Mitte 20. Strumpfhalter-Träger angenehm. Keine Dünnbrettbohrer! Chiffre …

Frau, 24/175/67, wälzt sich die ganze Nacht im Bett herum und sucht etwas zum Ankuscheln. Meistens vergeblich, da mein Teddy seinen Schönheitsschlaf braucht. Welcher verschmuste Mann möchte ihn vertreten? Chiffre …

Sekretärin, 32 J., unzählige Anschläge pro Minute, hat Attentat auf unschuldigen Mann vor, der sich mit ihr in eine sündhafte Affäre verzetteln möchte. Keine Schreibtischhengste! Chiffre …

Frau, 24/174/63, sucht kurvenreiches männliches Lustobjekt! Männer mit Hühnerbrust oder großspurigem Gehabe sind nicht gefragt! Aussagekräftige Bildzuschriften unter ✉ …

Top secret!
Frau, 34/171/65, betörende Erscheinung, sucht einen Mann, der Geheimnisse bewahren kann. Chiffre …

Fremdgänger aufgepaßt! Unausgelastete Sie, 28/168, möchte gelegentlich ihren eingetretenen Pfad verlassen. Welcher zärtliche Mann kennt eine aufregende Abzweigung? Hoffentlich entpuppst Du Dich nicht als Blindgänger. Chiffre …

Beamtin, 30/170/67, etwas zu solide geworden, sucht einen interessanten Mann, der einen schlechten Einfluß auf sie ausübt. Chiffre …

One night stand? Warum eigentlich nicht? Stressgeplagte End-dreißigerin sucht einen spontanen Mann, der sie nicht vereinnahmen will. Chiffre …

Knackiger Po? Lange Haare ? Schlank? Dann solltest Du Dich, Mann bis 30, unbedingt bei mir (w., 23/166, verschmust) melden! Chiffre …

Die Aktive

Runter vom Sofa und rauf aufs Parkett! Tanzfreudige Frau (34/176) sucht führungsstarken und taktvollen (Tanz-)Partner. Bewegte Angebote bitte unter ✉ …

Zwei Frauen (31/175 und 34/169) ohne Männer, suchen zwei Männer bis 40 ohne Frauen für gemeinsame Unternehmungen und vielleicht auch mehr. Bildzuschriften unter ✉ …

Frau, 28/168/61, bietet Sport – Spiel – Spannung! Er sollte ein aufgeschlossener, lebenshungriger Mann bis Mitte 30, groß und schlank sein, kein Langweiler oder gar ein Macho! Chiffre …

Göttin der Nacht, 28/170/62, lange braune Haare, sucht pfiffigen Begleiter für Kino, Disco und was uns sonst noch so einfällt. Chiffre …

Lustige Kegelschwester (34/167) sucht sportlichen Kegelbruder, den so leicht nichts aus der Bahn wirft. Chiffre …

Langfristig möchte ich (w., 24 J.) eine Familie gründen! Mittelfristig strebe ich eine feste Beziehung an, und kurzfristig möchte ich viel Action und Spaß. Chiffre …

Leonore, seit vier Jahren 29 Jahre jung, hochgradig attraktiv, sucht einen raffinierten Mann, der für jeden Nonsens zu haben ist. Bitte kein dröger Pantoffelheld! Chiffre …

Spieglein, Spieglein an der Wand, wo ist der Richtige in diesem Land? Impulsive Frau (32/172) sucht einen unwiderstehlichen Mann bis Anfang 40. Chiffre …

Die Ruhe vor dem Sturm! Aber wenn Du (m.) mir antwortest, und Du mir gefällst, dann erwartet Dich ein Wirbelwind (28 J.) voller Gefühle und Aktivitäten aller Art. Hoffentlich gibt's keinen Sturm der Entrüstung! Chiffre …

Einen Keuschheitsgürtel habe ich (w., 28/176/70) nicht zu bieten. Dafür aber einen schwarzen Gürtel in Karate. Welcher mutige Mann möchte mit mir eine ereignisreiche Zeit verleben? Keine Schwächlinge! Chiffre …

Einmalige Gelegenheit!
Tolle Frau, 34 J., schlank, sehr aktiv, spontan, …, sucht das männliche Pendant für das eine und/oder auch das andere. Chiffre …

Mein Motto lautet: Wer morgens länger schläft, muß abends die S.. rauslassen! (Unternehmungs-)lustige Frau, 39/174/67, sucht interessante männliche Begleitung für nächtliche Streifzüge. Chiffre …

Raus aus dem Alltag, rein ins Vergnügen! Neugierige Sie voller Elan (28/167/60) sucht aktiven Mann für alle angenehmen Dinge des Lebens. Chiffre …

Simsalabim! Unternehmungslustige Zwillings-Frau, 27 J., möchte Dich, den aktiven und rücksichtsvollen Mann bis Ende 20, verzaubern. Chiffre …

Reiz ist Schönheit in Bewegung! Welcher sportliche und attraktive Mann möchte mit sehr aktiver und humorvoller Frau (27/170/67) schwungvolle Zeiten erleben? Chiffre …

Hast Du etwas Zeit für mich? Dann schreibe mir (w., 29/174/ 63) doch mal einen Brief! Vielleicht haben wir ja gemeinsame Interessen (zum Beispiel Kino, Tennis) und können unsere Freizeit gemeinsam aufpeppen. Chiffre …

Oki-Doki! Das Liebeskarussel dreht sich wieder! Energiegeladene Frau, 30/178/63, möchte mit einem interessanten Mann Loopings fliegen. Aber bitte keine Schießbudenfigur oder gar einer aus der Geisterbahn! Chiffre …

Trotz Satellitenantenne immer schlechter Empfang! Welches Programm hast Du (m., bis Anfang 40) einer unternehmungs- lustigen Frau (37/167/65) wie mir zu bieten? Keine Videoten! Chiffre …

Frau – stop – 24 J. – stop – 176 cm – stop – attraktiv – stop – sucht Mann – stop – für Fitneß – stop – Kneipe – stop – und vielleicht – stop – auch mehr – Chiffre …

Die Gewichtige

Dick und rund – na und? Frau, 34 J., die stolz auf ihre Pfunde ist, sucht einen Mann, mit dem sie durch dick und dünn gehen kann. Chiffre …

Frau (31/160/76), die für ihr Gewicht etwas zu klein geraten ist, sucht einen rustikalen, muskulösen Mann für gemeinsame Unternehmungen. Chiffre …

Volljährig, vollschlank und voller Hoffnungen: Frau, 24 J., 171 cm, möchte einen nicht ganz vollkommenen Mann mit Vollbart kennenlernen. Vollmundige Typen sind aber nicht gefragt! Chiffre …

Obwohl ich (w., 25 J.) schon immer die Vorspeise weglasse und statt des Hauptganges kein Dessert nehme, habe ich noch immer eine stattliche Figur. Welcher interessante Mann sucht etwas Handfestes? Chiffre …

Robert Redford ist leider schon vergeben. Daher muß ich (w., 37, sehr vollschlank) weiter auf die Suche nach einem humorvollen und attraktiven Mann gehen. Wer kann mit meinem Traumprinzen mithalten? Chiffre …

Zum Versüßen ihrer Diät sucht eine (noch) etwas mollige Sie, 28/168, einen kalorienbewußten, appetitlichen Ihn. Aber keinen Zuckerbubi! Chiffre …

Warum sollte ich lügen? Frau, 36 J., ziemlich mollig, gutmütig, aber nicht dumm, sucht Geborgenheit in festen, aber zärtlichen männlichen Händen. Chiffre …

Schicke Dicke (24 J.), weder körperlich noch geistig träge, sucht einen bindungswilligen Rubensfan, der sich durch Zuverlässigkeit und Zärtlichkeit auszeichnet. Chiffre …

Ein Pfundsweib – im wahrsten Sinne des Wortes –, 33 J., sucht den (groß-)artigen Mann, der nicht nur Gewicht auf Äußerlichkeiten legt. Bitte keine Schönlinge oder Strebertypen! Chiffre …

Sie, 28 J., vollschlank, sucht für dies und jenes eine gelungene Mischung aus Macho und Softie. Chiffre …

Ungewöhnliches Pummelchen (w., 29/170) sucht gewichtigen Partner für vielfältige Unternehmungen. Später vielleicht auch mehr. Chiffre …

Weibliche Persönlichkeit (34/168) mit ausgeprägter Barockfigur möchte einen Mann kennen- und liebenlernen, der kein Kostverächter ist. Chiffre …

Nicht ganz schlanke Frau, 23/168, sucht den nicht ganz dicken Mann, mit dem sie ohne Reue alle Freuden des Lebens genießen kann. Chiffre …

Das reifere Semester

Über 70 und kein bißchen weise? Frau mit viel Lebensfreude möchte einen unterhaltsamen Mann kennenlernen. Aber keinen Tattergreis! Chiffre …

Je oller, je doller! Frau (62 J.) mit noch mächtig viel Zunder sucht einen gut konservierten Mann, der noch mit ihr mithalten kann. Es darf bloß kein koffeinfreier Haustyrann sein! Chiffre …

Graue Pantherin, 72 J., noch sehr fidel, sucht gut erhaltenen Mann, der noch nicht verkrustet ist. Bitte kein Ewiggestriger! Chiffre …

Fesche Omi (71 J.) hat noch Termine frei! Alle aktiven Männer zwischen 18 und 99 Jahren dürfen sich angesprochen fühlen – nur Paschas nicht! Chiffre …

Das Leben leben und genießen ist keine Frage des Alters! Flotte Mittsechzigerin sucht einen vitalen Partner für zahlreiche Unternehmungen. Chiffre …

Kostbare Antiquität, w., 68 J., sucht einen geistig und körperlich beweglichen Mann für gehaltvollen Gedankenaustausch und mehr. Chiffre …

Langeweile? Das muß nicht sein! Älteres Semester (w., 72 J.) sucht liebenswerten Senioren, der noch viel Energie und Lebensfreude hat. Chiffre …

Herzlich willkommen! Frau im besten Mannesalter lädt Dich, einen unkomplizierten Mann, zu einer Tasse Tee mit Gebäck ein. Terminvorschläge werden unter ✉ … angenommen.

Ohren und Bleistifte gespitzt! Schicke Endfünfzigerin sucht einen etwas jüngeren Mann mit vielen Lachfalten, aber ohne Bart. Chiffre …

Fußballbegeisterte Frau sucht im Mittelfeld ihres Lebens einen hungrigen Mittelstürmer für eine feste Partnerschaft. Defensivkünstler sind chancenlos! Chiffre …

Helmut Kohl könnte mir schon gefallen! Einfache Frau, 61 J., Witwe, sucht daher einen nicht zu intelligenten Mann, der keine Flausen mehr im Kopf hat. Chiffre …

Noch voll im Saft stehende Alte (68 J.) sucht einen spritzigen Alten für Unternehmungen aller Art. Chiffre …

Oldie but goldie!
Liebenswürdige Dame, Anfang der 70er, möchte einen Herrn um die 60 kennenlernen, mit dem sie den Rest des Lebens verbringen kann. Chiffre …

Raus aus den Altersheimen, zurück ins Leben! Sehr aktive Frau (74 J.) möchte mit einem unternehmungslustigen Mann die Welt auf den Kopf stellen. Chiffre …

Die Intelligente

Keine Macht den Doofen! Studiertes Wesen weiblichen Geschlechts (34/168) könnte sich mit einem intelligenten Mann das eine, aber auch das andere vorstellen. Chiffre …

Individualistin, 24 J., häufig im roten Bereich, sucht die Auseinandersetzung mit einem konfliktfreudigen Mann bis Anfang 30. Chiffre …

Männer können besser sehen als denken! Stimmt doch, oder? Die Resonanz auf meine (w., 25/174) Anzeige wird darüber Aufschluß geben. Chiffre …

Hallo Fremder! Frau, 32/171, etwas geheimnisvoll, sucht einen ungezogenen, intelligenten Mann mit liebenswerten Stärken und Schwächen. Bitte keine Antworten von Egoisten oder Strahle-männern! Chiffre …

Kreative Frau, 42 J., sucht malerischen Mann für vorbildliche Part-nerschaft. Keine Einfaltspinsel! Chiffre …

Ich (w., 28/173) glaube nicht an Gott, ich glaube nicht an Wunder, ich glaube nur an das, was ich mit meinem Geist und meinen Sin-nen erfassen kann. Welcher gefühlvolle Mann, der sich noch auf etwas einlassen kann, möchte mich kennenlernen? Chiffre …

Voraussetzung Nummer eins ist erfüllt: Du (m.) kannst lesen! Wenn Du noch mehr auf dem Kasten hast, dann könnte ich (w., 32 J.) mich von Dir zu einem unverbindlichen Date überreden lassen. Chiffre …

»Ich bin zu alt, um nur zu spielen, zu jung, um ohne Wunsch zu sein!« Daher suche ich (w., 38/171) einen flexiblen Mann bis Anfang 40, der auch noch nicht wunschlos glücklich ist. Chiffre …

Die Augen sind der Spiegel der Seele! Frau, 26/167/63, möchte Blickkontakt zu interessantem Mann mit Durchblick aufnehmen. Chiffre …

Ich oben, Du unten? Immer eine Frage der Perspektive! Intelligente Frau, 34 J., sucht einen Mann, der mit ihr auf einer Stufe steht. Chiffre …

Ich denke, also bin ich! Im Augenblick bin ich solo. Ich denke, das sollte sich schleunigst ändern. Daher suche ich einen Mann, der denken und fühlen kann. Chiffre …

Oben-ohne-Typen kenne ich schon im Überfluß! Daher möchte ich (w., 27 J.) jetzt einen intelligenten, phantasievollen Mann kennenlernen. Aber keinen Dogmatiker! Chiffre …

Moment mal! Hier sucht eine erfolgreiche Karrierefrau, Mitte 30, einen unterhaltsamen, elanvollen Mann mit Charisma, der Lust auf Gespräche, Spazierengehen und Tanzen hat. Keine Traumtänzer! Chiffre …

Ich (w., 34/167) mache es gerne in der Badewanne – aber auch im Fahrstuhl. Meistens sitze ich aber in meinem bequemen Sessel, wenn ich ein gutes Buch lese. Welcher gebildete Mann möchte mir einmal aus seinem Leben vorlesen? Chiffre …

Schicksal spielen – die Kontaktanzeige als Alternative? Mal sehen, ob das klappt. Frau, 31/172, mit vielen Interessen, ist jedenfalls sehr gespannt. Chiffre …

Die ewige Anmache in Kneipen geht mir (w., 26/168) tierisch auf den Geist. Ich möchte daher mal auf diesem Wege etwas gehaltvollere Bewerbungen einer Vorprüfung unterziehen. Chiffre …

Kreuzworträtsel zu lösen ist auf die Dauer langweilig! Daher sucht Sie, 41 J., eine Alternative in Gestalt eines Mannes, der Antworten auf knifflige Fragen parat hat. Chiffre …

IQ 140, Jahre 31, Größe 172, Gewicht 61 – was will Mann mehr? Vielleicht noch Humor, Geselligkeit und Zärtlichkeit? Dies alles und noch viel mehr hat Frau unter ⊠ … zu bieten.

Lesen Sie ruhig auch alle anderen Anzeigen durch, aber etwas Besseres werden Sie kaum entdecken! Frau der Extraklasse, 36 J., sucht intelligenten Mann mit menschlichen Qualitäten und vielseitigen Talenten. Chiffre …

Die Humorvolle

Hier HR-Verkehrsfunk: Nach der Antwort auf diese Anzeige kommt Ihnen (m.) eine attraktive Frau (34/167) entgegen. Bitte Vorsicht bei der Wahl der Worte! Chiffre …

Raumkosmetikerin (29/170/62) sucht Müllchauffeur mit guten Manieren für allerlei Unternehmungen. Es dürfen sich auch interessante Männer mit anderen Berufen melden. Chiffre …

Das Angenehme mit dem Nützlichen verbinden! Junge Frau, 174 cm, möchte ihren alten Farbfernseher verkaufen (100 DM) und gleichzeitig einen gutaussehenden Mann mit viel Humor kennenlernen. Chiffre …

Unfallfreie Garagenfrau, Baujahr 1969, sehr guter Zustand, TÜV/ASU neu, sucht interessanten Begleiter für die gemeinsame Fahrt durchs Leben. Chiffre …

Diebische Elster (w., 32/170) könnte Dir (m., bis 35) Dein Herz stehlen. Also bringe es in Sicherheit oder lege es mir zu Füßen! Chiffre …

Der Mann für mich (w., 28/167) müsse erst noch gebacken werden, sagt meine Mutter. Daher hier das Rezept: Eine große Portion Humor, verrührt mit reichlich Charme und Toleranz, gewürzt mit einer Prise Originalität und Leidenschaft. Das Ganze bitte unter Chiffre … servieren.

Bist Du der Mann zum Pferdestehlen?

Was wollen wir denn mit den Pferden machen? Wäre es nicht besser, wenn wir die Zeit sinnvoller zusammen verbringen? Frau, 22/166/59, erwartet Deine Vorschläge. Chiffre …

Friseurin, 23/171/63, sucht den interessanten Mann, der nie auch nur in die Nähe eines Mantas gekommen ist. Chiffre …

Ich (w., 31/170) schäme mich nicht zu sagen, daß ich ein verdorbenes Luder bin. Ich schäme mich nur dafür, daß das eine Lüge ist. Wo ist der katastrophenerprobte Mann, der noch mehr von mir erfahren möchte? Chiffre …

Junge Omi, 38/171/63, geschieden, sucht jungen Großvater ganz für sich alleine. Noch Fragen? Chiffre …

Herzlichen Glückwunsch! Du (m., bis 30, humorvoll) hast meine (w., 27/174) Anzeige entdeckt. Ob Du einen Preis gewonnen hast, kannst Du unter ✉ … erfahren. Der Rechtsweg ist natürlich ausgeschlossen!

Hallo Taxi! Halten Sie sich bitte für den Abend bereit, an dem mich (w., 22/170/57) der interessante Leser dieser Anzeige zum Essen einlädt! Chiffre …

Extravagantes Brautkleid (Konfektionsgröße 40) mit passendem Inhalt (27/173) sucht eleganten Frack, der von einem attraktiven Mann ausgefüllt wird. Chiffre …

Wenn wir (ich, w., 25/167; Du, m., schlank, bis 30) in ungefähr 26 Jahren unsere Silberhochzeit feiern, können wir hoffentlich auf eine schöne gemeinsame Zeit zurückblicken. Und wie siehst Du das? Chiffre …

Rauchende Brillenschlange (45/173/65) sucht Kontaktlinse männlichen Geschlechts für den gemeinsamen, besseren Durchblick. Chiffre …

Frau mit dem ungewissen Etwas, 26/168, möchte einen interessanten Mann nach allen Regeln der Kunst in den sicheren Hafen der Ehe lotsen. Chiffre …

Langhaarige Blondine (28 J.) und kurzhaarige Brünette (30 J.) möchten einen großen Blonden und einen kleinen Rothaarigen für allerlei Unternehmungen kennenlernen. Chiffre …

Die Sterne vom Himmel holen? Ist doch Quatsch, was willst Du (m.) denn damit? Du solltest Dir Deine Kraft lieber für eine urige Frau (28/167/63) aufsparen, die Lust auf Sport, Kino und Kneipe hat. Chiffre …

Stewardeß (24/175/63) möchte bei geistigem Überflieger ohne Segelohren landen. Antworten bitte per Luftpost! Chiffre …

Unter untenstehender Chiffre-Nummer werden ab sofort Blumen, Pakete und Schecks entgegengenommen. Mehr freuen würde sich Frau (37 J.) aber über einen Brief von einem lieben und verantwortungsvollen Mann bis 40. Chiffre …

Die Emanzipierte

Ich weiß, was ich will!: Dich, m., groß und schlank, um die 30, intelligent, aktiv und humorvoll. Ich (35 J.) bin sehr neugierig auf Deine Antwort. Chiffre …

Betthäschen gesucht? Nichts für mich! Frau, 29 J., läßt sich nur mit ernsthaften, fairen und (selbst-)kritischen Männern ein. Hoffentlich verschonen mich Opportunisten und Blasierte mit ihren Angeboten! Chiffre …

Die meisten Männer sind wie öffentliche Toiletten: entweder beschissen oder besetzt! Es melde sich doch bitte eine der wenigen Ausnahmen bei Frau (28/170), die keinen Bock mehr auf Machos, Chauvis und Karrieretypen hat. Chiffre …

Schau mir in die Augen Kleiner! Feministisch orientierte Frau, 29 J., möchte die Bekanntschaft eines Mannes machen, der sein Herz nicht in der Hose hat. Chiffre …

Solidarität gehört zu den Anforderungen, die eine Endzwanzigerin an ihren nächsten Partner stellt. Dazu kommen Toleranz und Fairneß. Chiffre …

Ein unmoralisches Angebot ist meine Anzeige nicht! Ich möchte auch keine verhängnisvolle Affäre eingehen. Was ich (w., 34 J.) will, ist eine auf Zärtlichkeit und Respekt aufgebaute Beziehung mit einem unkomplizierten Mann bis 35. Chiffre …

Schon vor vielen Jahren versprach Ina Deter, daß es zu Weihnachten neue Männer gibt. Wo sind die nur??? Kritische Frau (34/170) ist da ja mal sehr gespannt. Chiffre …

NEU

Die Nr. 1 in meinem Leben könnte ein interessanter Mann werden, der keine Angst vor einer selbstbewußten Frau Anfang 30 hat. Chiffre …

Frau im waffenscheinpflichtigen Minirock gefällig? Dann geh' doch mal in die Disco! Ich (w., 26/167) suche einen Mann, der eine Frau nicht nach ihrer Rocklänge beurteilt. Chiffre …

Heirat verboten! Ich (w., 28/175) bin wirklich für vieles offen, aber frage mich bitte nie, ob ich Dich heiraten will! Ich möchte mir meine Unabhängigkeit, Spontanität und Begeisterungsfähigkeit bewahren. Chiffre …

Höhepunkte im Leben einer Frau sind die Heirat und das Kinderkriegen! Männer, die so denken, haben bei mir (34/172/64, sehr attraktiv), keine Chance! Chiffre …

Liebe – Lachen – Leidenschaft! Sinnenfrohe Naturschönheit, 29/170, sucht den verboten gutaussehenden Mann, der mit ihr an einer gleichberechtigten Partnerschaft basteln möchte. Oberflächliche Ehrgeizlinge sind nicht gefragt! Chiffre …

Feurige, selbstbewußte Frau (rothaarig, 34 J.) sucht einen phantasievollen Mann bis maximal 40, der ihr das Wasser reichen kann. Chiffre …

Eine Frau ohne Mann ist wie eine Katze ohne Tretauto! Oder? Auffällige Frau, 35 J., würde gerne einmal mit einem interessanten Mann darüber diskutieren. Chiffre …

Eines sage ich Dir (m.) gleich: Ich (w., 31/167, frauenbewegt) werde kein zweites Mal inserieren! Daher gleich die Gelegenheit beim Schopfe packen! Chiffre …

Starke Frau, 27 J., unabhängig, experimentierfreudig, sucht ebensolche Sie für gemeinsame Unternehmungen und vielleicht … Na, warten wir es doch einfach ab! Chiffre …

Absolutes Halteverbot! Frau, 36 J., selbständig, selbstbewußt, freiheitsliebend, sucht einen selbstkritischen Mann, der sich mit den Verkehrsregeln auskennt. Chiffre …

Frau (38/170/59), weder Mäuschen noch Monster, sucht einen Mann, der weder Softie noch Macho ist, um mit ihm eine ereignisreiche Zeit zu verleben. Chiffre …

Die Anspruchsvolle

Kein Grund zur Euphorie! Ich, 30/172, bin zwar eine sehr attraktive und interessante Frau, aber für mich kommt nur ein Mann in Frage, der gutaussehend, erfolgreich, intelligent und einfühlsam ist. Bildzuschriften unter ✉ …

Sie (m.) kennen mich nicht? Jetzt ist die Gelegenheit, das nachzuholen! Ich (w., 26/167/55) freue mich über jede Zuschrift von Männern, die sich durch Charme, Pep und Zielstrebigkeit auszeichnen. Chiffre …

Attraktive Frau, 27/172/65, sucht einen freien Mann, der aussieht wie ein Mann, der schon vergeben ist. Kein Öko- oder Möchtegern-Typ! Chiffre …

First-class-Frau, 29/174/64, sucht sehr gut erhaltenen Secondhand-Mann bis 30. Smarties und Schlappis sollten sich an die Business class halten! Chiffre …

Heute schon mal in den Spiegel geschaut? Wenn Du einen attraktiven Mann um die 30 mit Schnauzer entdeckt hast und zudem noch unternehmungslustig bist, dann solltest Du sofort einer Frau (26/171) mit Esprit antworten. Chiffre …

Das Beste ist gerade gut genug! Verwöhnte Sie, 37 J., sucht einen intelligenten, gutaussehenden und erfolgreichen Mann, der ihr vieles und noch mehr zu bieten hat. Bitte keine Bluffer! Chiffre …

Ich, eine Frau von 29 J., bin schwer zu beschreiben. Mit einem Wort: Ich bin unbeschreiblich. Ein Mann mit viel Humor, Geist und Gefühl könnte es ja mal versuchen. Nur altklug oder senil darf er nicht sein! Chiffre …

Mutige voran! Sehr kokette, fordernde Sie, 36 J., sucht schwungvollen Mann, der hält, was sie sich von ihm verspricht. Chiffre …

Frau, 34/167, sucht weder 08/15-Typ noch Eintagsfliege. Er sollte groß und schlank, sportlich und humorvoll sein. Das ist ja wohl nicht zu viel verlangt! Chiffre …

Sonderangebote sind nicht so mein Fall. Ich (w., 26/176) stehe mehr auf exklusive Modelle (m.), die nicht mit dem hohen Preis der Enttäuschung zu bezahlen sind. Chiffre …

Vielleicht bin ich (21/173), vielleicht bin ich auch nicht die richtige Partnerin für Dich. Du müßtest allerdings schon ein höllisch gutaussehender Typ mit viel Elan sein! Chiffre …

Es muß nicht immer Kaviar und Champagner sein! Attraktive Frau, 33/168, möchte aber auch keinen dünnen Hering, sondern einen Mann kennenlernen, der außen wie innen noch etwas zu bieten hat. ✉ …

Ich (w., 34/170/63) kenne gutaussehende Männer, ich kenne intelligente Männer, ich kenne einfühlsame Männer. Ich kenne aber keinen einzigen, der all das gleichzeitig zu bieten hat. Vielleicht Du? Chiffre …

Eine Bemerkung am Rande! Ich, w., 34 J., möchte nicht um jeden Preis mein Single-Dasein beenden. Da muß schon ein Mann kommen, der nicht nur attraktiv, selbstbewußt und humorvoll ist, er muß sich auch zu seinen Gefühlen bekennen und an einer fairen Partnerschaft interessiert sein. Chiffre …

Ich (w., 32/171) will alles und noch viel mehr: Reichtum, Freiheit, guten Sex. Welcher Mann bis 40 hat das zu bieten? Spinner und verlogene Jasager können zur nächsten Anzeige übergehen! Chiffre …

5-Sterne-Frau (34/167/60) sucht einen intelligenten, humorvollen und (zuver-)lässigen Mann, der weder Morgenmuffel noch Muttersöhnchen ist. Chiffre …

Ich (w., 43/175) will keine Schokolade, ich will lieber einen Mann: bis 45, großzügig, anschmiegsam und in gesicherter Position. Ich freue mich schon sehr auf Ihre süße Antwort. Chiffre …

Ich (w., 22/173/62) werde Dir (m.) gefallen! Ob Du auch meinen hohen Ansprüchen und Bedürfnissen genügst, muß sich erst noch herausstellen. Freiwillige vor! Chiffre …

Große Ohren und nichts dahinter? Nichts für mich! Ich, 32 J., suche einen ohrenbetäubenden Mann mit viel Spaß am Leben. Nörgler und Mimosen sollten es bei einer anderen Frau versuchen! Chiffre …

Vermischtes

Wahrsagerin (24/171) lügt Dir (m., originell, ungebunden und fair) nicht das Blaue vom Himmel herunter, wenn sie Dir eine aufregende Zeit verspricht. Chiffre …

Eine zu originelle Anzeige könnte zu hohe Erwartungen wecken! Daher beschränke ich (w., 26/167) mich lieber darauf, meine Suche nach einem interessanten, humorvollen Mann bis Mitte 30 bekanntzugeben. Chiffre …

Liest Du (m.) auch immer mit Vergnügen diese Seite, ohne jemals daran gedacht zu haben, auf eine Anzeige zu antworten? Wenn Du an einer festen Beziehung interessiert bist, dann solltest Du bei mir (w., 25/167) mal eine Ausnahme machen! Chiffre …

Im Jahre 2000 gehe ich (w., 167/62) stark auf die 30 zu. Wenn Du (m.) schon jetzt soweit bist oder etwas darüber, dann könntest Du mir vielleicht von Deinem Erfahrungsreichtum berichten! Chiffre …

Abrakadabra, ich (m., 9 J.) brauche einen Vater und Kumpel! Und für meine schöne und liebe Mami einen sehr, sehr tollen Mann. Chiffre ...

Unter uns gesagt: Ich (w., 23/166) bin ziemlich neugierig. Also, wer bist Du, was willst Du, und warum hast Du mir nicht schon längst geantwortet? Chiffre ...

Typ Mona Lisa, 27 J., sucht Typ Dustin Hoffmann. Chiffre ...

Irgendwo in der Stadt hält sich der temperamentvolle und anständige Typ versteckt, mit dem ich (w., 36/170) eine Menge anfangen könnte. Bitte um Angabe der Himmelsrichtung und weitere Hinweise unter ✉ ...

Ich (w., 34 J.) weiß nicht, wer Du (m.) bist, und Du weißt nicht, wer ich bin. Soll das so bleiben, oder möchtest Du mich einmal kennenlernen? Klebrige Scherzkekse sind aber nicht mein Geschmack! Chiffre ...

Vertrauen Sie mir! Ich (w., 32/173/67) habe wirklich ernste Absichten. Ich ziehe jeden interessanten Mann bis 35 in Erwägung, der eine feste und abwechslungsreiche Partnerschaft will. Chiffre ...

Welcher schlanke, intelligente Mann bis 30 J. kann attraktiver und sportlicher Frau bei der Formulierung einer Kontaktanzeige behilflich sein? Kreative Zuschriften unter ✉ …

Wie lautet die Chiffre-Nummer, unter der ein Mann mit positiver Ausstrahlung eine herzerfrischende Frau Anfang 30 erreichen kann? Richtig! Es ist die …

Rot – Gelb – Grün! Jetzt kannst Du (m., beziehungstauglich) mir (w., 31 J., aktiv und heiter) Dein Angebot unterbreiten! Für Zyniker steht die Ampel allerdings weiterhin auf Rot! Chiffre …

Das ist ja entzückend! Ich (w., 26/169) mühe mir hier einen ab, und Du (m., unternehmungslustig) überlegst tatsächlich noch, ob Du mir antworten sollst. Chiffre …

Jetzt nur nicht in Panik verfallen! Geduld, Geduld! Wir werden uns schon noch kennenlernen. Du (m., intelligent und humorvoll) müßtest mich (w., 24/172/64) allerdings noch vorher brieflich von Deinen Qualitäten überzeugen! Chiffre …

Wie lange brauchst Du (m.), um mir einen interessanten und originellen Brief zu schreiben, der mich (w., 24 J.) neugierig auf Dich werden läßt? Chiffre …

Er sucht sie

Der Romantische

Einfach mal die Seele baumeln lassen! Etwas verträumter Typ, 25/182, sucht eine Frau, die ähnlich denkt und fühlt. Ich hoffe, wir sehen uns! Chiffre …

Mensch (m., 29 J.) möchte eine liebevolle Menschin kennenlernen. Lassen wir uns doch einfach überraschen! Chiffre …

Träume nicht Dein Leben, sondern lebe Deine Träume! Welche Frau möchte es mit mir (m., 32/182/76) zusammen versuchen? Chiffre …

Wenn es Nacht wird, sitzt ein attraktiver Enddreißiger (181 cm) bei Kerzenlicht, Schmuserock und einem guten Glas Wein in seiner Wohnung und träumt von einer harmonischen Beziehung – leider (noch) alleine. Chiffre …

Fescher Postbote (28/179) möchte Dir (w., bis 30 J.) seine Liebesbriefe persönlich überbringen. Chiffre …

Hypnotisieren kann ich (m., 34/178) Dich (w., lustig und gefühlsbetont) zwar nicht, doch vielleicht gelingt es mir, Dich ein wenig zu verzaubern. Chiffre …

Mann für alle vier Jahreszeiten, 39 J., sucht eine Frau für Frühlingsgefühle, Sommernachtsträume, Herbststürme und für eine winterfeste Partnerschaft. Chiffre …

Schloßbesitzer (Fahrradschloß), 34/188, möchte den Schlüssel zum Glück in die zärtlichen Hände einer romantisch veranlagten Frau legen. Chiffre …

Eigentlich bin ich (m., 31/173) ja eher so ein Typ Walther von der Vogelweide. Aber heutzutage kann ich mein Liebeswerben wohl nicht vor Deinem Fenster vortragen. Mit etwas Glück würde es Groschen hageln, wahrscheinlich aber eher Blumentöpfe. Daher lieber so: ✉ …

Hiermit bewerbe ich (m., 34/180/73) mich um die freie Stelle in Deinem (w., realistisch, aber auch romantisch) Herzen. Es wäre schön, wenn wir einen Termin für ein Vorstellungsgespräch vereinbaren könnten! Chiffre …

Mit 17 hat Mann noch Träume! Jetzt bin ich (73/176) fast doppelt so alt und immer noch verträumt. Suche daher eine gefühlvolle und romantische Frau, mit der ich die Verwirklichung angehen kann. Chiffre …

Gesucht: Ein unkonventionelles Dornröschen, das sich von einem zärtlichen Prinzen (27/183) wachküssen lassen möchte. Ich werde Dich auf mein Schloß entführen und Dir die Welt zu Füßen legen. Chiffre …

Luxus im materiellen Sinne habe ich (m., 35/182/76) nicht zu bieten. Dafür aber jede Menge Einfühlungsvermögen, Zärtlichkeit und Liebe. Chiffre …

Männer haben keine Gefühle? Denkste! Er, 28/175, sensibel und verträumt, möchte einer sehr romantischen Frau das Gegenteil beweisen. Chiffre …

Gärtner, 40 J., möchte eine naturverbundene Sie auf Rosen betten. Chiffre …

Alle reden vom Wetter! Ich (m., 26/183/78) rede von der Liebe! Gibt es eine selbstbewußte und romantische Frau, die mit mir durch Sonne und durch Regen spaziert? Chiffre …

Wenn ich (m., 31/185) mich erst einmal verliebt habe, dann aber gleich über beide Ohren! Und ich habe große Ohren! Welche romantische Frau möchte nicht nur meine Hörorgane inspirieren? Chiffre …

Der Konservative

Kurzgeschichte: Mann (28/177/75) lernt Frau über Inserat kennen. Beide verlieben sich ineinander. Sie heiraten. So leben sie glücklich bis ans Ende ihrer Tage. Welcher Frau würde das gefallen? Chiffre …

Im Blickpunkt meines Interesses steht eine ganz normale Frau, die wie ich (m., 36/176) ihr Single-Dasein beenden möchte. Chiffre …

Wenn ich (m.) in 32 Jahren in Rente gehe, möchte ich die viele Freizeit mit einer lieben Frau und möglichst vielen (Enkel-)Kindern verbringen. Daher wird es Zeit, daß ich die passende Frau finde. Chiffre …

Steinreicher Mann (Kiesgrubenarbeiter), 42 J., sucht eine solide, ruhig etwas mollige Frau für den Rest des Lebens. Chiffre …

Glück ist das einzige, das sich verdoppelt, wenn Mensch es mit jemandem teilt! Daher suche ich (m., 28/178/69) eine interessante Frau bis 35 J. für die freie Stelle an meiner Seite. Chiffre …

Meiner Meinung nach geht ja nichts über eine harmonische Zweierbeziehung! Aber mich (m., 29/184/82) fragt ja keine. Oder doch? Chiffre …

Mustermann (35/181/76) sucht Musterfrau zwecks Gründung einer Musterfamilie. Strickmuster unter ✉ …

V.I.P. für mein (m., 38/177) weiteres Leben gesucht! Sie (w.) müssen nicht berühmt sein, Hauptsache auch Ihnen liegt an einer auf Vertrauen aufgebauten Partnerschaft. Chiffre …

Nägel mit Köpfen möchte ein eher ruhiger Handwerksmeister (38 J.) machen! Welche solide Frau ist ihm dabei behilflich und schmiedet mit ihm gemeinsame Zukunftspläne? Chiffre …

Mit Schallgeschwindigkeit ins Verderben? Nein, ich (m. 27/182) möchte es ruhiger angehen lassen und Sie (w.) nach und nach mit meinem Charme und Humor erobern. Chiffre …

Otto Normalverbraucher, 36/176/76, sucht eine einfache Frau, die gerne seinen Namen tragen würde. Chiffre …

Mann, 32/184, resistent gegen Fremdgehen, Unehrlichkeit und Heiratsschwindel, sucht eine Frau, die nur das eine im Sinn hat: die feste, dauerhafte Partnerschaft. Chiffre …

Hiermit erkläre ich Euch zu Mann und Frau! Dieser Satz könnte bald in unseren Ohren klingen, wenn Sie (w.) mir (m., 29/178/79) antworten und wir uns ineinander verlieben. Chiffre …

Mit 1 PS durch Wald und Flur, durch dick und dünn durchs ganze Leben! Begeisterter Reiter (37/176) möchte gemeinsam mit Ihnen (w.) die Hindernisse des Lebens bewältigen. Chiffre …

Junger Cowboy (25 J., Landwirt) möchte sich mal wieder so richtig verlieben! Wenn Sie (w., nicht zu temperamentvoll) Natur und Tiere lieben, dann sollten Sie mir unbedingt ein paar Zeilen schreiben! Chiffre …

Al Bundy-Verschnitt gesucht? Den habe ich (36/175/70) zwar nicht zu bieten, ich bin aber immerhin ein aufstrebender Schuhverkäufer, der eine nette Frau sucht. Chiffre …

Sport ist Mord!
Wenn Sie (w., bis 45 J.) auch eher auf Gemütlichkeit, gutes Essen und geruhsame Aktivitäten stehen, dann erwarte ich (m., 44/178/80) Ihr Zeichen unter ✉ …

Der Unkonventionelle

Ich (24/187/83) bin der Typ, vor dem Dich (Frau, frech und spontan) Deine Eltern immer gewarnt haben. Wenn Du trotzdem ungezogen sein möchtest, dann antworte mir unter ✉ …

Vieräugiger Experte in Sachen Chaos, 24/177, blablabla, sucht intelligente und humorvolle Frau für eine farbenfrohe Beziehungskiste. Chiffre …

Mensch (m.), Chiffre …

Volltreffer! Etwas zotteliger, verträumter Tolpatsch von 28 Jahren ist wieder zu haben. Lasterhafte, eigenständige und neugierige Frauen sollten sich unbedingt melden! Chiffre …

Nein! Ich werde nein sagen, sollte mich jemals ein Standesbeamter fragen, ob ich gewillt bin und so weiter! Ich (m., 29 J.) passe in keinen Käfig, möchte aber trotzdem eine interessante und selbstbewußte Frau für einen Teil des Lebens kennenlernen. Chiffre …

Chronischer Nachtschwärmer und Morgenmuffel, 24/180, sucht rastlose und ausgeschlafene Frau für muntere Freizeitgestaltung. Chiffre …

Hobbymaler (37 J.) sucht eine bildschöne Frau, die aus dem Rahmen fällt. Chiffre …

Single? Nein Danke! Unbürgerlicher Mann, Anfang 30, politisch links, Vegetarier, sucht eine selbstbewußte Frau für gemeinsame Unternehmungen und mehr. Chiffre …

Mann, 34/186/72, ohne Porsche, ohne Bausparvertrag und ohne Muskeln, aber mit dem festen Willen, seine zärtlichen Gefühle in eine dauerhafte Beziehung zu investieren, erwartet die Zuschriften von Interessentinnen. Chiffre …

Zweibeiner (38 J., schlank, unkonventionell) und Vierbeiner (Kater, 3 J., gutaussehend) suchen eine menschen- und tierliebe Freundin. Chiffre …

Stadtindianer – nicht mit dem Stadtneurotiker Woody Allen zu verwechseln – 29 J., möchte sich mit wagemutiger, roter Braut ein Stück durchs Leben schlagen. Chiffre …

Paffender, aber nicht aus dem letzten Loch pfeifender Mann, 35 J., sucht eine tolerante Frau, die keine Angst hat, daß ihre Gardinen vergilben könnten. Chiffre …

Hoffnungslos lesbischer Mann (29/185), aus kontrolliert biologischem Anbau, sucht eine dieser total verschmusten Frauen, die Lust auf eine Zweierbeziehung haben. Chiffre …

Nostalgie auf zwei Beinen: Übriggebliebener 68er-Typ, lange Haare, ambitioniert, aber etwas lahmarschig, sucht engagierte Frau zum Diskutieren, Streiten und Kuscheln. Bitte keine verklemmte Modepuppe! Chiffre …

Liebe hin, Liebe her! Reicht es nicht erst einmal, wenn wir Menschen kennenlernen, die uns sympathisch sind? Mann, Anfang 30, sucht jedenfalls eine Frau, die ohne Erwartungsdruck der weiteren Entwicklung gelassen entgegensieht. Chiffre …

Der Casanova

Eifersucht ist, wenn ein gebundener Mann mit Eifer nach einer anderen sucht! Ich (34/181/76) suche eine Frau, die in ähnlicher Lage steckt. Chiffre …

Sektfrühstück? Welche sinnliche Frau möchte mit humorvollem Mann (27/182) gemeinsam die Brötchenkrümel von der Bettdecke aufsammeln? Chiffre …

Attraktiver Mann, Mitte 20, sucht Urlaubsflirt, ohne wegzufahren! Welcher daheimgebliebenen Frau mit Esprit geht es ähnlich? Urlaubsgrüße bitte unter ✉ …

Für 1001 Nacht sucht Er (34/178/76) eine weibliche Märchengestalt, die ihre Träume verwirklichen möchte. Chiffre …

Ist der Ruf erst ruiniert, lebt es sich ganz ungeniert! Total verschmuster Mann (27/184) möchte mit unverkrampfter Frau Begegnungen sinnlicher Art erleben. Chiffre …

Kein Mann für eine Nacht! Ich (m., 28/179/75) möchte zumindest noch am nächsten Morgen mit Dir (w.) gemütlich frühstücken. Im Ernst, ich bleibe auch gerne bis zum Mittagessen. Chiffre …

Ein Gentleman schweigt und genießt! Diskreter Ehemann, 37 J., groß und schlank, möchte sich ab und zu mit einer verschwiegenen Ehefrau treffen! Chiffre …

Frischgebackener Single (26/178/69) sucht die Sahne (Frau bis 30 J.) für die süße Verführung. Chiffre …

Dreitagebärte sind out – Dreitagebräute sind in! Wo ist die kuschelige Frau, die auch keine feste Beziehung möchte? Ich (m., 25/187) erwarte Deine Meldung unter ✉ …

Ehrenwort! Mann, 28/180/84, sucht wirklich nur das mehr oder weniger flüchtige Abenteuer. Chiffre …

Urlaub vom (Ehe-)Mann? Rostfreier Enddreißiger steht einer gebundenen, attraktiven Frau fürs Bummeln, Schummeln und Fummeln zur Verfügung. Chiffre …

Emsiger Ostfriese hat das flache satt! Er (33/178/68) sucht daher eine vollbusige und aktive Frau nicht nur zum Wattwandern. Chiffre …

Nichts im Kühlschrank – Nichts im Geldbeutel – Nichts im Bett! Welche solvente Sie füllt diese Leere bei einem gutaussehenden Mann Mitte zwanzig? Chiffre …

Geprüfter Single (26/190) sucht eine spontane Frau für die wilden Dinge des Lebens. Chiffre …

Gott möge es mir verzeihen! Aber ich (m., 32/177/76) möchte mal wieder irdischen Gelüsten frönen. Welche lebensfrohe Sie möchte mit mir die Voraussetzungen für eine umfangreiche Beichte schaffen? Chiffre …

Wie möchtest Du (w.) Dein Frühstücksei? Munterer, zärtlicher Junggeselle (28/183/82) verwöhnt Dich nicht nur am Morgen. Chiffre …

Interessanter Mann (32/181/74) sucht eine aufregende Frau bis 40, die ihn ins Reich der Sinne entführt. Kein Lösegeld! Chiffre …

Ein Single wie ich (27/180/82) ist ein Mann, der lieber mehrere Frauen glücklich macht, als eine unglücklich. Suche daher ideenreiche, offene weibliche Wesen. Chiffre …

Der Aktive

Stolzer Besitzer eines Tandems (26/175/74) sucht für den freien Platz eine schwungvolle und trittfeste Sie bis Mitte 30.
Chiffre …

Schlanke, zärtliche Wasserratte (m., 31/185) sucht eine Badenixe für Schwimmbad, Baggersee und Badewanne, aber auch für die Disco und romantische Abende. Chiffre …

Peperoni-Typ (24/183) sucht Tabasco-Braut für rasierklingenscharfe Unternehmungen. Chiffre …

Sturmerprobter Mann (42/178/76) sucht eine aktive Frau bis Windstärke 12. Chiffre …

Gelungene Mischung aus Schlitzohr, Charmeur und Lebemann, 35 J., sucht eine sehr unternehmungslustige Frau, die auch an einer festen Bindung interessiert ist. Chiffre …

Mann, 34/173/74, begeisterter Angler und Tänzer, möchte eine spritzige Frau an Land ziehen. Wie kann ich Dich ködern? Chiffre …

Neu an diesem schönen Ort ist ein Mann (26/183/76), der sich gerne von einer Frau, die sich hier auskennt, herumführen lassen möchte. Chiffre …

Surfer, 24/187/82, sucht eine etwas leichtsinnige Frau auf gleicher Wellenlänge. Chiffre …

Hei Du! Ja, genau Du! Wenn Du (w., bis 35 J.) genau wie ich Lust auf viel Action und Spaß hast, dann schicke mir schnell Deine Telefonnummer! Chiffre …

Feierabend! Was nun? Alleine rumhängen oder etwas unternehmen? Ich (m., 26/178/75) hab's: Ich verabrede mich mit Dir (aktive Frau um die 25). Chiffre …

Comeback! Gutaussehender, sympathischer Lebenskünstler, 36 J., ist wieder in der Stadt. Wo ist die Frau, die Lust auf Flirten, Klönen und viele Unternehmungen hat? Chiffre …

Ab sofort sturmfreie Bude bei ihm (19/181/76)! So langsam erwachsenwerdender Junge sucht einen weiblichen Wirbelwind, der mal für ordentlichen Durchzug bei ihm sorgt. Chiffre …

Nonstop Nonsens kann ich (m., 23/176) Dir (w.) nicht versprechen! Aber jede Menge Spaß und auch ernsthafte Gespräche. Chiffre …

Sehr sportlicher Mann (Tennis, Squash, Skilaufen), 27/184, sucht eine Partnerin fürs Leben. Chiffre …

»Sehr attraktiver Mann, 22/182/78, sportlich und unternehmungslustig, sucht eine aktive Frau.« So hätte meine Anzeige vor 20 Jahren aussehen können. Heute sind eigentlich nur ein paar Zahlen zu korrigieren. Chiffre …

Antworte bitte nicht, wenn Du (w.) einen Mann suchst, der pflegeleicht, etabliert und ein kleinkarierter Stubenhocker sein soll! Ich (29/183) bin nämlich ein eher aktiver und verspielter Typ. Chiffre …

Der Gewichtige

Mann, Mitte 30, mit etwas zuviel Bauch, aber gerade auf Diät, sucht eine vollschlanke Frau in seinem Alter zum Verlieben. Chiffre …

Lupenreiner Rohdiamant (m., 28/178/91) braucht noch den letzten Schliff! Welche (selbst-)bewußte Frau traut sich das zu? Chiffre …

Schwerer Junge (kein Gangster!), 28/183, sucht leichtes Mädchen (keine Gewerbliche!) für Kneipenbummel und Fitneßstudio. Chiffre …

Nulldiät seit fast drei Monaten! Ausgehungerter Mann, 32 J., massiv gebaut, sucht eine Frau, die ihm ein paar Kalorien, Vitamine und Spurenelemente einflößt. Chiffre …

21jähriger Soldat (wider Willen), große rustikale Erscheinung, möchte nach dem Bund einen Bund mit einer entwaffnenden Frau schließen. Chiffre …

Mann von Format, 41/180/94, sucht eine ruhig etwas zierlichere Frau für gemeinsame Unternehmungen und vielleicht auch noch mehr. Chiffre …

(Bio-)dynamischer Typ, gute 30, vollschlank, sucht eine kecke Frau mit leichtem Hang zur Überheblichkeit. Chiffre …

Junges, robustes Gewächs (m., 28/176), mit Blüten und Stacheln, sucht Frau zum Lieben und Zanken; sprich: für den Alltag des Lebens. Chiffre …

Überdimensionaler Mann, 43/193/107, möchte eine sympathische Frau kennenlernen, die ihre Reize unter anderem auch in kg angeben kann. ⊠ …

92213 g sind auf 1819 mm verteilt bei einem Mann, der seit 11417 Tagen auf der Welt ist und der eine sympathische Frau von kräftiger Natur sucht. Chiffre …

Outing ist in: Ich (m., 25/182) bin dick! Suche daher eine liebe Frau, die auch gut im Futter ist. Chiffre …

Fast schlanker Mann (wenn da nicht die 15 kg zuviel wären), 34 J., sucht für gemeinsame Unternehmungen ein weibliches Wesen in stabiler Ausführung. Chiffre …

Ein Spargeltarzan bin ich (27/176) nicht gerade! Ich bin ein eher strapazierfähiges Modell mit großer körperlicher Substanz, das eine Frau kennenlernen möchte, die aus ähnlichem Holz geschnitzt ist. Chiffre …

Das reifere Semester

,

Prachtexemplar eines unterhaltsamen Kavaliers (61 J.) sucht eine tanzfreudige Sie, mit der er eine fesche Sohle aufs Parkett legen kann. Chiffre …

Mann im x-ten Frühling sucht Sommerfrau, um gemeinsam mit ihr im Herbst Erntedankfest zu feiern. Den Winter verbringen wir dann auf Mallorca. Chiffre …

Oldie, 59/178/66, immer gut aufgelegt, möchte weiblichen Single bis 55 J. kennen- und vielleicht auch liebenlernen. Chiffre …

Gentleman, 64 J., vornehme Gestalt, liberale Einstellung, sucht aus Mangel an Gelegenheit auf diesem Wege eine anspruchsvolle Frau. Chiffre …

Vitaler Rentner, 72 J., AEG-geprüft, oder wie das heißt, möchte agile Frau gleichen Alters kennenlernen. Chiffre …

Auf Nummer Sicher gehen! Zuvorkommender Witwer, 64 J., sucht nach drei langen Trauerjahren wieder eine feste Lebenspartnerin. Chiffre …

Mann in den besten Jahren sucht jüngere Frau bis etwa 45 J. für alles, was zu zweit mehr Spaß macht. Chiffre …

Gutsituierter, charakterfester Herr, 58 J., wünscht sich die Bekanntschaft einer liebevollen Dame, die noch Wert auf gepflegte Umgangsformen legt. Chiffre …

Amüsanter Plauderer mit Profil, 62 J., möchte einmal an einem Kaffeekränzchen in einer lockeren Damenrunde teilnehmen. Chiffre …

Zeitlos schöner Mann, 52 J., sucht eine Frau, die in der Blüte ihres Lebens steht. Chiffre …

Kavalier der alten Schule, 70/171, will reifere Dame kennenlernen, die sich von ihm verwöhnen lassen möchte und umgekehrt. ✉ …

Reifes Früchtchen, 68 J., möchte von etwas jüngerer Frau beansprucht, aber nicht ausgepreßt werden. Chiffre …

Vergißmeinnicht (59 J.) sucht fleißiges Lieschen! Mann in der Blüte seines Lebens würde gerne eine etwas dornige Frau für gemeinsames Wachstum kennenlernen. Chiffre …

Heiratsschwindler der Extraklasse a.D., 54/179, hat jetzt feste Absichten! Er sucht daher eine etwas jüngere, vertrauensvolle und einfühlsame Frau für den Bund der Ehe. Nur ernstgemeinte Zuschriften unter ✉ …

Mit 70 hat Mann noch Träume! Als unerschütterlicher Optimist bin ich mir sicher, daß ich auf diesem Wege eine liebenswürdige Partnerin kennenlernen werde. Chiffre …

Gestandenes Mannsbild, 71 J., noch sehr flott auf den Beinen, sucht eine Frau, egal welchen Alters, für gemeinsame Spaziergänge und so weiter. Chiffre …

Nicht mehr ganz taufrisch, aber oho! Mann, 66/178, sucht zwecks Bekämpfung von Rostansätzen eine herzerfrischende Frau zwischen 45 und 60 Jahren. Chiffre …

Der Intelligente

Für Philharmonie und viel Harmonie sucht ein studierter Mann (41/173) eine intelligente Frau. Chiffre …

Kreativer Mann (34/184/78, vorzeigbar) und quirliger (Trend-)Setter (6 J., äußerst attraktiv und selbstbewußt) möchten von unkomplizierter Frau ausgeführt werden. Aber bitte an der langen Leine! Chiffre …

Querdenker (37/181) sucht aufrechte Frau für horizontale, vertikale und diagonale Aktivitäten. Chiffre …

Bücherwurm (m., 27 J.) sucht weibliche Leseratte für die schönen Dinge, die nicht zwischen zwei Buchdeckel passen. Chiffre …

Die Sterne stehen günstig! Hobby-Astrologe (44/181/82) möchte weitsichtige Frau kennenlernen, die an Esoterik und alternativem Lebenswandel interessiert ist. Chiffre …

Gemeinsam statt einsam! Zauseliger Akademiker, 35 J., sucht eine gebildete und konfliktfreudige Frau für eine spannende und feste Partnerschaft. Chiffre …

Schriftsteller möchte nicht zum Bittsteller werden! Daher sucht er (37 J.), schlank, Raucher, eine Sponsorin, die an ihn glaubt und die ihn inspiriert. Chiffre …

Erwarten Sie (w.) nicht zu viel, fordern Sie aber das Maximum! Dann könnten wir (ich: m., 42 J.) uns vielleicht auf einen Kompromiß einigen, der mehr Farbe in unser Leben bringt. Chiffre …

Ambitionierter und hoffnungsvoller Musiker (30/175/70) sucht eine taktvolle Frau bis 35 J., die nicht nach seiner Pfeife tanzt. Chiffre …

Liebenswerter Hypochonder (34/182/72) sucht verständnisvolle, belastbare und heitere Frau, die Freud und Leid mit ihm teilt. Aber bitte keine Angebote aus dem medizinischen Bereich! Chiffre …

Struppiger, arbeitsloser Akademiker (28/181) sucht Karrierefrau für ein gemeinsames, schönes Leben. Bewerbungen bitte unter ✉ …

Mann (35/178) sucht zum Bauen einer Beziehungskiste eine Frau, die kein Brett vor dem Kopf hat. Konstruktionspläne sind unter der Chiffre-Nummer … einzureichen.

Talentfreies Genie, 28 J., sehr ambitioniert, sucht desillusionierte Schönheit für alltäglichen Umgang. Chiffre …

Auf die Stellung kommt es an!? Arbeitsloser Akademiker, 37 J., sucht eine Frau mit klaren Vorstellungen für Gedanken- und Zärtlichkeitsaustausch. Chiffre …

Journalist, 34 J., unvollkommen, emotional, neugierig, aber verschwiegen, hofft, daß Du (w.) zwischen den Zeilen lesen kannst. Chiffre …

Mann (32/182), der weiß, was er will, sucht Frau, die weiß, was sie nicht will. Chiffre …

Allergisch gegen Yuppies, Muskelprotze und Aufreißer? Das Gegenmittel: Mann, 34/183, mit Phantasie und Rückgrat, der eine nicht ganz alltägliche Frau erwartet. Zu Risiken und Nebenwirkungen befragen Sie bitte die eigene Menschenkenntnis! Chiffre …

Das Beste am Mann ist die Frau an seiner Seite! Welche engagierte Frau fühlt sich dieser Aufgabe gewachsen? Akademiker, 36 J., wartet auf Antworten unter Chiffre …

Kandidatur: Mann, 32/177/80, talentiert und ausbaufähig, stellt sich Deiner (w., anspruchsvoll) Wahl. Abgabe der Stimmzettel bitte unter ✉ …

Der Humorvolle

Dirigent (38/169) zweier Wellensittiche sucht eine kreative Frau, die die erste Geige in seinem lustigen Orchester spielen möchte. Notenkenntnisse sind nicht unbedingt erforderlich, wir können auch improvisieren! Chiffre ...

Millionär in spe (eifriger Lottospieler), Mitte 20, 182/81, sehr optimistisch, sucht die Glücksfee, die mit ihm die richtigen Zahlen ausknobelt. Chiffre ...

Coupé-Fahrer (22/176/72) sucht die etwas anspruchsvollere Dame, die sich von ihm in seiner Ente zu einem Picknick entführen läßt. Chiffre ...

Prominent bin ich nicht, noch nicht! Aber vielleicht kann ich (m., 36/182) ja bei Dir (w.) zum Shooting-Star werden. Chiffre ...

Möbelpacker, Anfang 40, 185/86, würde lieber Verantwortung als schwere Lasten tragen! Er sucht daher zwecks Gründung einer vielköpfigen Familie eine liebe Frau. Chiffre ...

Nichtschwimmer

(25/181/75) sucht flotte Bademeisterin, die ihn ans sichere Ufer geleitet. Chiffre ...

Lügenbaron: 27/179/74, stinkreich, dynamisch, bildschön, intelligent, sucht eine Frau mit Pfiff für eine außergewöhnliche Beziehung. Nur ehrliche und ernstgemeinte Zuschriften! Chiffre …

Orientierungsloser Ossie, 32/178/83, sucht eine zielbewußte Wessie-Frau, die weiß, wo es langgeht. Chiffre …

Feuerwehrmann, 34/180/82, Spezialist für brenzlige Situationen, sucht eine leicht entflammbare Frau, die seine Liebe zu ihr entfacht. Chiffre …

Mann mit dem gewissen Nichts, 26/185/78, der über sich selber lachen kann, möchte eine fröhliche und vorurteilsfreie Frau kennen- und liebenlernen. Chiffre …

Kleiner Mann (28/166/59) sucht ohne große Worte eine kleine Frau für den Aufbau einer großartigen und harmonischen Partnerschaft. Chiffre …

Kapitän in der eigenen Badewanne, 33/187/83, möchte bodenständig werden. Gibt es eine Frau, die mit ihm durchs Leben schippern möchte? Chiffre …

Armer Schlucker (25/183/84) sucht Millionärstochter, die zur Universalerbin eingesetzt wurde. Reichtümer sind mir wirklich nicht wichtig, Hauptsache, auch Du möchtest Deine Liebe durch eine Hochzeit dokumentieren. Chiffre …

Meine Mutter war und ist eine sehr intelligente Frau, mein Vater war und ist ein sehr schöner Mann! Was dabei rausgekommen ist (m., 24/178/76), kann eine interessierte Frau unter … erfragen.

Bonsai-Fan, 37/162/59, sucht flotte Frau bis 161 cm für die große Liebe. Chiffre …

Vielumschwärmter Bienenzüchter, 39/178/80, sucht eine schlagfertige und attraktive Frau, die ihm keinen Honig um den Bart schmiert. Chiffre …

Meine Mutter sagt immer, ich (m., 26/180/76) wäre bestenfalls für die Liebe auf den zweiten Blick geeignet. Wenn Du (w.) das auch nicht glauben kannst, dann sollten wir uns einmal treffen. Chiffre …

Muß ich (m., 31/179/81) denn wirklich zum Mönch werden? Oder gibt es noch irgendwo eine liebevolle und ungebundene Frau bis Mitte 30, die eigentlich auch nicht ins Kloster möchte? Chiffre …

Mitarbeiter der Telekom, 34/174/76, sucht himmlischen Anschluß bei lustiger Quasselstrippe, die keine lange Leitung hat. Chiffre …

Bruder sucht eine Schwester, die für ihren Bruder vielleicht meine Schwester sucht! Wer weiß, möglicherweise werden wir beide ja nicht Schwägerin und Schwager, sondern selber ein tolles Paar. Ich (27/178) bin sehr gespannt. Chiffre …

NEU

Der Neue Mann

Mann mit Macken, aber kein Macker, sucht Frau mit Zicken, aber keine Zicke. Wenn Du auch so in dem Dreh um die 30 bist, dann könnten wir uns ja mal beschnuppern! Chiffre …

Dreamteam: alleinerziehender Vater (37 J.) und liebenswerter Sohn (8 J.) suchen Kameradin, Freundin und vielleicht Mutter und Geliebte. Chiffre …

188 cm Zärtlichkeit! Mann, 28 J., sucht aufregende Frau für feste Beziehung, die auf gegenseitiger Rücksichtnahme basiert. Keine Disco-Mieze! Chiffre …

Ich (m., 26/176/73) spiele Doppelkopf, ich spiele Tennis, aber ich spiele nicht mit Gefühlen. Daher suche ich eine feste Partnerschaft zu einer nicht zu coolen, bindungswilligen Frau. Chiffre …

Man(n) sagt … – Ach Mann sagt ja so vieles! Daher ganz kurz: Ich (27 J., schlank, sportlich) suche eine emanzipierte Frau für dies und das und jenes. ✉ …

Bleib so, wie Du bist! Interessanter Mann, 34 J., sucht eine unverbesserliche Frau. Chiffre …

Ich (m., 36 J., Akademiker) verspreche Dir (w.) nicht den Himmel auf Erden. Ich verspreche Dir aber mein aufrichtiges Bemühen, falls wir zueinander finden sollten. Chiffre …

Mann kann sich seine Eltern nicht aussuchen. Mann kann sich seine Nachbarn nicht aussuchen, Mann (36/183/83) kann aber Einfluß auf die Wahl der Lebenspartnerin nehmen. Frau natürlich auch! Chiffre …

Gebrauchter, aber nicht verbrauchter Mann, 36 J., möchte eine Frau kennenlernen, die auch nicht mehr ganz unberührt ist, aber noch genügend Energie für eine gleichberechtigte Partnerschaft hat. Chiffre …

Alternative zu Machos, Chauvis, Paschas, Yuppies, Bodybuilder gesucht? Einfühlsamer Mann (30/178/67), unkonventionell und neugierig, möchte eine emanzipierte Frau kennenlernen. Chiffre …

Mann, 34/176/73, sucht Job als Hausmann und Geliebter bei einer erfolgreichen und attraktiven Frau bis Mitte 40. Chiffre …

Schwarze Schafe gibt es überall! Unter welche Kategorie ich (m., 25/179) falle, mußt Du (w.) schon selber herausfinden! Für Rückfragen stehe ich unter ✉ … zur Verfügung.

Geschiedener Mann (38/181/80) sucht eine Geschiedene oder eine Frau mit reichhaltigen Erfahrungen, die sich genügend ausgetobt hat, um endlich eine Partnerschaft mit Zukunft einzugehen. Chiffre …

Heutzutage muß Mann immer welche dabei haben! Anmacher-sprüche? Nein! Kondome? Nein! Echte Gefühle! Ja! Mann, 32 J., sensibel, sucht Frau mit Herz und Hirn für eine fruchtbare Zweier-beziehung. Chiffre …

Wünsch Dir was! Aber bitte keine übertriebenen Vorstellungen, die ich (m., 35/182) nicht erfüllen kann! Zu bieten habe ich »nur« mich, so wie ich nun einmal bin. Chiffre …

Geh aufs Ganze! Denn mit halben Sachen solltest Du (w.) Dich nicht zufriedengeben. Mann (36/184/83) ist bereit, sich Deinen Anforderungen zu stellen. Chiffre …

Der Eingebildete

Achtung! Letzter Aufruf an alle Frauen, die einen Mann (30/185) suchen, der weiß, was Frauen wünschen. Chiffre …

Rolls-Royce unter den Männern, 34/188/87, gutaussehend, zuverlässig und zärtlich, sucht eine anspruchsvolle Frau für gemeinsame Unternehmungen und mehr. ✉ …

Vergleichen Sie (w.) ruhig alle Anzeigen! Sie werden sehen, daß zum Schluß nur ich übrigbleibe: Mann, 28/179/71, ungebunden, imposante Erscheinung. Chiffre …

007-Typ (28 J.) sucht die wohlproportionierte Frau, die noch echte Männer zu schätzen weiß. Chiffre …

Das Beste, was diese Stadt zu bieten hat: Fridolin, 26/182, selbstbewußt und ein Gourmet! Frauen bis 35 J., worauf wartet Ihr noch? Chiffre …

Stop! Du (w., Mitte 20, schlank) kannst die Suche nach Deinem Traummann abbrechen, denn Du hast ihn mit mir (32/182) gefunden! Chiffre …

Hitverdächtiger Endzwanziger, 185/82, möchte die Nummer 1 im Leben einer unvergleichlichen Frau werden. Chiffre …

Es gibt viel zu tun. Packen wir's an! Verblüffend gutaussehender Typ, 24/179/72, möchte mit einer brillanten Frau spektakuläre Zeiten genießen. Chiffre …

Reiter, 39 J., etwas arrogant, sucht eine Frau, die auch gerne hoch zu Roß sitzt. Chiffre …

Glauben Sie (w.) einem erfahrenen Mann (43/181/83): Die scheinbar heißblütigen jungen Hüpfer entpuppen sich schon nach kurzer Zeit als kurzatmige Traumtänzer. Kommen Sie lieber zu mir! Aber entscheiden Sie selbst! Chiffre …

Don't worry, be happy! Denn jetzt hast Du (w., etwas flippig) ja meine (m., 27/183) Anzeige entdeckt. Also nichts wie ran ans Briefpapier, es lohnt sich! Chiffre …

Die Antworten auf meine (m., 27/185/86, attraktiv) Anzeige werden in der Reihenfolge des Einganges beantwortet. Also bitte Beeilung, meine Damen! Chiffre …

Mein Kuß ist besser als das Küßchen von Ferrero! Gutaussehender Mann, 27/174/68, möchte es einer tollen Frau mit knutschfestem Lippenstift beweisen. Chiffre …

Sie (w.) suchen einen gutaussehenden Mann, einen Mann mit Charakter, einen guten Liebhaber? Dann suchen Sie mich, 32/182/79!!! Chiffre …

Keine Frau muß ihren Kopf in den Sand stecken! Es wäre wesentlich besser und lohnender, ihn bei mir (m., 23/181) zu verlieren! Chiffre …

Goldene Zeiten für Frauen, die das Besondere lieben! Mann, 36/184/86, einzigartig, aufmerksam, wunderbar, ist wieder frei. Chiffre …

Was Erika Berger empfehlen würde, das weiß ich nicht. Ich (m., 31/183/81) empfehle jedenfalls ein unverbindliches Treffen mit mir! Chiffre …

Vermischtes

Mutter sucht für ihren schüchternen Sohn (38 J., gutaussehend) eine attraktive und liebe Frau, die ihn von ihren Rockzipfeln befreit. Chiffre …

Wortkarger Mann (32 J.) sucht Frau. Chiffre …

Tatütata! Polizist, 32/176/74, sucht fesselnde Sie, die sich von ihm abführen lassen möchte. Es dürfen sich aber nur (gesetzes-)treue Frauen melden! Chiffre …

Computer-Freak, 28 J., hat unendlich viele Informationen auf Disketten gespeichert, dabei aber irgendwie das wahre Leben vernachlässigt. Welche lebhafte Frau kann mich auf menschliche Gefühle programmieren? Chiffre …

Bei ARD und ZDF sitze ich (m., 31/185/76) in der ersten Reihe. Welchen Platz hast Du (w.) mir in Deinem Leben zugedacht? Chiffre …

»Äah, hmm, tja«. Was soll ich (m., 25/178/74) sagen? Klar ist eigentlich nur, daß ich an einer festen Beziehung interessiert bin. Alles andere ergibt sich hoffentlich von selbst! Chiffre …

Netter Junge von nebenan (22/179) sucht freches Mädel von gegenüber. Chiffre …

Mein Großvater hat eine, mein Vater hat eine, mein Bruder hat eine, mein bester Freund hat auch eine, nur ich (26 J.) habe noch keine: eine tolle Frau, mit der ich die Welt auf den Kopf stellen kann. Chiffre …

Habe ich Halluzinationen? Oder sehe ich (m., 33/178/69) es richtig, daß Du, eine attraktive Frau um die 30, auf meine Anzeige antworten willst? Chiffre …

Ich (m., 28/184/80, sportlich) kenne Gott und die Welt. Nur ausgerechnet Dich (w., schwungvoll, begeisterungsfähig) habe ich leider noch nicht getroffen. Das sollten wir schleunigst nachholen! Chiffre …

Take it easy! Du bist sicherlich nicht die einzige Frau, die auf meine (m., 27/180/74) Anzeige antwortet! Ich gelobe aber feierlich, daß ich jede Zuschrift beantworten werde. Chiffre …

Angeblich begegnet jeder in seinem Leben drei Menschen, die sein Traumpartner sein könnten. Zwei sind schon an mir (m., 33/182) vorübergegangen. Vielleicht bist Du ja die dritte – die Partnerin fürs Leben! Was denkst Du? Chiffre …

Auf den Zufall warten, das könnte mir zu lange dauern! Da kann etwas Nachhilfe nicht schaden: Er, 23/188, sucht die Bekanntschaft einer sympathischen Frau. Chiffre …

Erwischt! Du liest mal wieder rein zufällig die Kontaktanzeigen? Oder bist Du (w., schlank) vielleicht doch genau wie ich (m., 30/171) auf der Suche nach einer tollen Partnerschaft? Dann solltest Du keine Zeit verschwenden und mir sofort antworten! Chiffre …

Schreibst Du (w.) mir, schreib' ich (m., 31 J.) Dir. Du mußt allerdings den Anfang machen! Chiffre …

Tea for two ist besser als dinner for one! Daher solltest Du (w.) mir (m., 27/189/87) schon einmal Deine Lieblingsteesorte mitteilen! Chiffre …

Ich (m., 26/182/76) hoffe, daß meine Aktien auf dieser Kontaktbörse hoch im Kurs stehen! Welche selbstbewußte und humorvolle Frau ist an Vorzugsaktien interessiert? Chiffre …

Meine Lebensgeschichte könnte bald auch Dich (w.) miteinschließen, wenn Du mir antwortest, wir uns treffen, wir uns sympathisch sind. Mann (34/179/76) hat da ein gutes Gefühl. Chiffre …

Ein volljähriger, aber nicht erwachsener Mann (26/180/77) sucht eine volljährige, aber nicht erwachsene Frau für alle Verrücktheiten dieser Welt. Chiffre …

Versierter Handwerker mit angenehmem Äußeren, 34 J., kann schon bald seine schwedischen Gardinen gegen normale Vorhänge austauschen. Er möchte daher frühzeitig Kontakt zu einer vorurteilsfreien Frau knüpfen. Kassiber bitte unter ✉ …

NÜTZLICHE RATGEBER

EINE AUSWAHL

Hobby und Freizeit

Falken-Handbuch
Zeichnen und Malen
(4167-5) Von B. Bagnall, 336 S., 1154 Farbzeichnungen, Pappband. ●●●●●

Kreativ Zeichnen
(4688-X) Von B. Bagnall, 176 S., zahlr. Farbabb., Pappband. ●●●●

Punkt, Punkt, Komma, Strich
Zeichnen leicht gemacht
(4721-5) Von H. Witzig, 144 S., 512 s/w-Zeichnungen, Pappband. ●●

Punkt, Punkt, Komma, Strich
Zeichenstunde für Kinder
(0564-4) Von H. Witzig, 144 S., über 250 Zeichnungen, kart. ●

Einmal grad und einmal krumm
Zeichenstunde für Kinder
(0599-7) Von H. Witzig, 144 S., 363 Abb., kartoniert. ●

Figürliches Zeichnen
leicht gemacht
(1010-9) Von H. Witzig, 112 S., 462 Figuren, kartoniert. ●

Airbrush
Kreatives Gestalten mit dem Luftpinsel
(1133-4) Von C. M. Mette, 80 S., 145 Farbfotos, 40 Farbzeichnungen, kartoniert. ●●

Kalligraphie
Die Kunst des schönen Schreibens
(4263-9) Von C. Hartmann, 120 S., 44 Farbvorlagen, 29 s/w-Vorlagen, 38 Farbfotos, 38 Farbfotos, Pappband. ●●●●

Gestalten mit Schrift
Kalligraphie
(1044-3) Von I. Schade, 80 S., 2 Farb- und 1 s/w-Foto, 143 Farbzeichnungen, kart. ●●

Hobby Aquarellmalen
Landschaft und Stilleben
(0876-7) Von I. Schade, A. Brück, 80 S., 111 Farbabb., kart. ●●

Technik · Gestaltung · Ausdruck
Aquarellmalerei
Von der Realität zum Bild
(4529-8) Von Prof. W. Wrisch, 136 Seiten, 172 farb. Abbildungen, 5 s/w-Abbildungen, 46 Zeichnungen, Pappband. ●●●●

Hobby Ölmalerei
Landschaft und Stilleben
(0875-9) Von H. Kämper, I. Becker, 80 S., 93 Farbabb., kart. ●●

FALKEN
Lexikon der Seidenmalerei
Mit großer Farbmischtabelle
(4737-1) Von K. Huber, 208 S., 192 Farbfotos, Pappband. ●●●●

Seidenmalerei in Vollendung
(4414-3) Hrsg. von R. Smend, 160 S., 227 Farbfotos, 36 s/w-Fotos, geprägter Leineneinband mit Schutzumschlag, im Schuber. ●●●●●

Seidenmalerei
Westen · Blusen · Hosen
(1455-4) Von C. Köhl, ca. 64 Seiten, durchgehend vierfarbig, zahlreiche Abbildungen, mit Vorlagebogen, kartoniert. ●●

Seidenmalerei und Modedesign
Modelle · Techniken · Schnittmuster
(4476-3) Von B. Hansen, 176 S., 140 Farbf.93 Farb-, 68 s/w-Zeichn., Pappband. ●●●●

Seidenmalerei Exklusive Tücher
(1303-5) Von E. Schwinge, 80 S., 79 Farbfotos, 6 Zeichnungen, kart. ●●

Kreative Seidenmalerei
Motive · Muster · Farbenspiel
(4720-7) Von M. Neubacher-Fesser, ca. 136 S., zahlr. Farbabb., Pappband. ●●●●

Seidenmalerei
Muster über Muster
20 Künstlerinnen präsentieren 120 Ideen
(4744-4) 128 S., 188 Farbabbildungen, Pappband. ●●●●

Seidenmalerei
Die wichtigsten Techniken Schritt für Schritt
(1357-4) Von B. Hansen, 64 S., 97 Farbfotos, kartoniert. ●●

Seidenmalerei als Kunst und Hobby
(4264-7) Von S. Hahn, 136 S., 256 Farbfotos, 1 s/w-Foto, Pappband. ●●●●

Neue zauberhafte Seidenmalerei
Motive und Anregungen aus der Natur
(0924-9) Von R. Henge, 80 S., 148 Farbfotos, 27 s/w-Zeichnungen, kart. ●●

Krawatten, Tücher und Fliegen individuell gestalten
Seidenmalerei
(1242-X) Von A. Reichmann, 64 S., durchgehend vierfarbig, kart. ●●

Aquarellieren auf Seide
Materialien · Techniken · Motive
(0917-8) Von I. Demharter, 32 S., 41 Farbfotos, Pappband. ●●

Airbrush auf Seide
(1342-6) Von I. Demharter, 64 S., zahlreiche Farbabbildungen, kart. ●●

Airbrush Seidenmalerei
Mit Vorlagen für Schablonen
(1356-6) Von C. M. Mette, 80 S., 129 Farbf., kartoniert. ●●●

Seidenmalerei Bäume und Blätter
(5249-9) Von D. Kosik, 32 S., 5 Farbfotos, 23 Farb- u. 13 s/w-Zeichnungen, kart. ●

Seidenmalerei Landschaften
(5153-0) Von D. Kosik, 32 S., 50 Farbfotos, 12 Zeichnungen, mit Vorlagebogen in Originalgröße, kart. ●

Seidenmalerei Kissen
(5151-4) Von I. Demharter, 32 S., 42 Farbfotos, 2 Zeichnungen, mit Vorlagebogen in Originalgröße, kart. ●

Seidenmalerei Blusen und T-Shirts
(5184-0) Von A. Keller, 32 S., 28 Farbfotos, 12 Zeichnungen, mit Vorlagebogen in Originalgröße, kartoniert. ●

Seidenmalerei Tücher und Schals
(5152-2) Von R. Henge, 32 S., 36 Farbfotos, 1 Zeichnungen, mit Vorlagebogen in Originalgröße, kart. ●

Seidenmalerei Tiermotive
(5204-9) Von A. Keller, 32 S., 37 Farbfotos, mit Vorlagebogen in Originalgröße, kart. ●

Serti Designo
Seidenmalerei mit Kreidestiften
(5208-1) Von S. Tichy-Gibley, 32 S., 46 Farbfotos, mit Vorlagebogen in Originalgröße, kart. ●

Seidenmalerei Lampenschirme
(5154-9) Von I. Walter-Ammon, 32 S., 47 Farbfotos, 1 Zeichnung, mit Vorlagebogen in Originalgröße, kart. ●

Seidenmalerei Blüten, Blätter, Ranken
(5165-4) Von D. Kosik, 32 S., 35 Farbfotos, 4 Zeichnungen, mit Vorlagebogen in Originalgröße, kart. ●

Seidenmalerei Schmuckkarten und Miniaturbilder
(5166-2) Von I. Walter-Ammon, 32 S., 37 Farbfotos, 2 Zeichnungen, mit Vorlagebogen in Originalgröße, kart. ●

Akzente mit Perlen, Pailletten und Straß
Seidenmalerei
(5248-0) Von A. Keller, 32 S., ca. 50 Farbf., mit Vorlagebogen in Originalgröße, kart. ●

Seidenmalerei Bilder in Konturentechnik
(5182-4) Von I. Demharter, 32 S., 28 Farbfotos, 2 Zeichnungen, mit Vorlagebogen in Originalgröße, kart. ●

Seidenmalerei Applikationen
(5224-3) Von J. Bressau, 32 S., 50 Farbfotos, mit Vorlagebogen in Originalgröße, kart. ●

Apartes aus bemalter Seide
(5274-X) Von E. Möller, 48 Seiten, durchgehend vierfarbig, kartoniert. ●

Malen auf Seide
kinderleicht
(5218-9) Von R. Henge, 32 S., 11 Farbfotos, 44 Farbzeichn., Vorlagebogen, kartoniert. ●

Moderne Stoffmalerei
(1358-2) Von H. Sander, 64 S., 73 Farbf., 50 s/w-Zeichn., kart. ●●

Perfekt Stricken
Mit Sonderteil Häkeln.
(4250-7) Von H. Jaacks, 256 S., 703 Farbfotos, 169 Farb- und 121 s/w-Zeichnungen, Pappband. ●●●●

Das moderne Standardwerk
Nähen
(4709-6) Von S. von Rudzinski, 176 S., vierfarbig, Pappband. ●●●●

Stoffpuppen
nach alten Vorbildern
(5281-2) Von M. Meinesz, 48 S., durchgehend vierfarbig, mit Vorlagebogen, kart. ●

Heißgeliebte Teddys
Selbermachen · Sammeln · Restaurieren
(0900-3) Von H. Nadolny und Y. Thalheim, 80 Seiten, 118 Farbfotos, kartoniert. ●●●

Die hier vorgestellten Bücher, Videokassetten und Software sind in folgende Preisgruppen unterteilt:

● Preisgruppe bis DM 10,–/S 79,–/SFr 11,–   ●●● Preisgruppe über DM 20,– bis DM 30,–   ●●●● Preisgruppe über DM 30,– bis DM 50,–
●● Preisgruppe über DM 10,– bis DM 20,–   S 161,– bis S 240,–   S 241,– bis S 400,–
   S 80,– bis S 160,–   SFr 21,– bis SFr 30,–   SFr 30,– bis SFr 50,–
   SFr 10,– bis SFr 21,–   ●●●●● Preisgruppe über DM 50,–/S 401,–/SFr 50,–   * (unverbindliche Preisempfehlung)

Die Preise entsprechen dem Status beim Druck dieses Verzeichnisses (s. Seite 1) – Änderungen, im besonderen der Preise, vorbehalten –

Falken-Verlag GmbH · Postfach 1120 ⸋FALKEN⸌ **D-65521 Niedernhausen/Ts. · Tel.: 0 61 27 / 70 20**

Marionetten
selbst bauen und führen
(**1043**-5) Von D. Köhnen, 80 S., 150 Farbfotos,
mit Schnittmusterbogen, kartoniert. ●●

Hampelmänner
Basteln mit Kindern ab 5 Jahren
(**5240**-5) Von F. Michalski, 32 S., ca. 50 Farbabb., mit Vorlagebg. in Originalgröße, kart. ●

Künstlerpuppen
im 20. Jahrhundert
(**4719**-3) Hrsg. R. Höckh, 160 S., 192 Farbfotos, 26 s/w-Fotos, Pappband. ●●●●●

Charakterpuppen
aus Cernit und Porzellan selbst gestalten
(**1156**-3) Von S. Becker, 64 S., 143 Farbfotos,
30 Zeichnungen, 13 Vignetten, mit Schnittmusterbogen, kartoniert. ●●

Puppen zum Liebhaben
(**5199**-9) Von B. Wehrle, 32 S., 27 Farbfotos,
9 s/w-Zeichnungen, mit Vorlagebogen in
Originalgröße, kartoniert. ●

Basteln mit Kindern
Moosgummi
(**5271**-5) Von A. und R. Schurr, 48 S., durchgehend vierfarbig, mit Vorlagebogen, kart. ●

Neue zauberhafte Salzteig-Ideen
(**0719**-1) Von I. Kiskalt, 80 S., 324 Farbfotos,
12 Zeichnungen, Schablonen, kart. ●●

Salzteig kinderleicht
(**0973**-9) Von I. Kiskalt, 80 S., 224 Farbfotos,
8 Zeichnungen, kartoniert. ●●

Hobby Salzteig
(**0662**-4) Von I. Kiskalt, 80 S., 150 Farbfotos,
5 Zeichnungen und Schablonen, kart. ●●

Kreatives gestalten mit Ton
Töpfern ohne Scheibe – Aufbaukeramik
(**0896**-1) Von A. Riedinger, 80 S., 207 Farbfotos, 16 Zeichnungen, 7 Vignetten, kart. ●●

Kreatives Gestalten mit Ton
Töpfern auf der Scheibe
(**0971**-2) Von A. Riedinger, 80 S., 28 Farb-
und 3 s/w-Fotos, 178 Farbf., kartoniert. ●●

Kneten und Modellieren
kinderleicht
(**5217**-0) Von V. Ettelt, 32 S., 12 Farbtafeln,
72 Farbzeichnungen, Vorlagebogen, kart. ●

Hobby Glaskunst in Tiffany-Technik
(**0781**-7) Von N. Köppel, 80 S., 194 Farbfotos,
6 s/w-Abbildungen, kartoniert. ●●

Tiffany-Technik
und andere kunstvolle Arbeiten in Glas
(**0972**-0) Von D. Köhnen, 80 S., 176 Farbfotos, 5 s/w-Zeichnungen, kartoniert. ●●

Ikebana
Grundstile und Variationen
(**4749**-5) Von E. Schwalm, 112 Seiten,
ca. 165 Farbfotos, 43 Grafiken, 2 Tabellen,
gebunden. ●●●●

**Dekorieren und Gestalten
mit Naturmaterialien**
rund ums Jahr
(**4748**-7) Von E. Dommershausen u.a., 128 S.,
ca. 200 Farbf. und -zeichnungen, geb. ●●●

Masken
phantasievoll dekorieren
(**5155**-7) Von F. Familler, 32 S., 48 Farbf.,
mit Vorlagebg. in Originalgröße, kart. ●

Laubsägearbeiten für das Kinderzimmer
(**5245**-6) Von H.-P. Krafft, 32 S., ca. 50 Farbf.,
mit Vorlage bg. in Originalgröße, kartoniert. ●

Schwingtiere aus Holz gestalten
(**5222**-7) Von der Arbeitsgem. Werken, 32 S.,
50 Farbfotos, mit Vorlagebogen in Originalgröße, kartoniert. ●

FALKEN Video
Drachen
bauen und fliegen
(**6141**-2) VHS, ca. 45 Min., in Farbe, mit
Broschüre. ●●●●'

Drachen
bauen und steigen lassen.
(**0767**-1) Von W. Schimmelpfennig, 80 Seiten,
1 dreiseitige Ausklapptafel, 55 Farbfotos,
139 Zeichnungen, kart. ●●●

Lenkdrachen
bauen und fliegen
(**1011**-7) Von W. Schimmelpfennig, 64 Seiten,
51 Farbf. und 126 Zeichnungen, kart. ●●

Neue Lenkdrachen und Einleiner
bauen und fliegen
(**1353**-1) Von W. Schimmelpfennig, 80 Seiten,
54 Farbf., 95 Farbzeichn., kart. ●●●

Drachen
Einfache Modelle für Kinder
(**5156**-5) Von W. Schimmelpfennig, 32 Seiten,
11 Farbfotos, 31 Zeichnungen, mit Vorlagebogen, kartoniert. ●

Basteln mit Kleinkindern
ab 3 Jahren
(**4747**-9) Von W. Kottke und I. Hübers-
Kemink, 128 Seiten, über 200 Farbabbildungen, mit Vorlagebogen, gebunden. ●●●

Das goldene Bastelbuch für Kinder
(**4769**-X) Von U. Barff (Hrsg.), 336 Seiten,
durchg. vierf., mit 2 Vorlagebogen, geb. ●●●

Basteln mit Kindern
Dinos & Drachen
(**5279**-0) Von G. Reinscheid, 48 Seiten, durchgehend vierfarbig, mit Vorlagebogen, kart. ●

Basteln mit Kindern
Fensterbilder Ritter und Burgen
(**5284**-7) Von D. Köhnen, 48 Seiten, durchgehend vierfarbig, mit Vorlagebogen, kart. ●

Das große farbige
Bastelbuch für Kinder
(**4254**-X) Von U. Barff, I. Burkhardt, J. Maier,
224 S., 157 Farbf., 430 Farb- und 60 s/w-
Zeichn., m. Vorlagemusterbg., Pappband. ●●●

Origami
Tiere aus aller Welt
(**5250**-2) Von J. Maier, 32 Seiten, 19 Farbfotos,
68 Farb- u. 16 s/w-Zeichnungen, kartoniert. ●

Hobby Origami
Papierfalten für groß und klein
(**0756**-6) Von Z. Aytüre-Scheele, 80 Seiten,
820 Zeichnungen, kartoniert. ●●

Neue zauberhafte Origami-Ideen
Papierfalten für groß und klein
(**0805**-8) Von Z. Aytüre-Scheele, 80 Seiten,
720 Zeichnungen, kartoniert. ●●

Zauberwelt Origami
Tierfiguren aus Papier
(**1045**-1) Von Z. Aytüre-Scheele, 80 Seiten,
660 Zeichnungen, kartoniert. ●●

Kreatives Gestalten mit **Papiermaché**
(**5246**-4) Von B. Jetzek-Berkenhaus, 32 S.,
ca. 50 Farbfotos, mit Vorlagebogen in Originalgröße, kartoniert. ●

Marmorieren
Muster · Techniken · Gestaltungsideen
(**5247**-2) Von T. Hartel, 32 S., ca. 50 Farbfotos,
mit Vorlagebg. in Originalgröße, kart. ●

Heut basteln wir mit Pappe und Papier
(**4413**-5) Von U. Barff, J. Maier, 224 Seiten,
117 Farbfotos, 480 Farbzeichn., 25 s/w-Abb.,
mit Schnittmusterbogen, Pappband. ●●●

Das große farbige Bastel- und Werkbuch
(**4439**-9) Von D. Rex, 256 S., 999 Farbfotos,
33 Farbzeichnungen, Pappband. ●●●●

Mein liebstes Spiel- und Bastelbuch
Die Welt der Dinosaurier
Tiere und Landschaften zum Selbermachen
Ausbrechen, aufstellen, spielen
(**4478**-X) Von B. Burkart, 8 Blatt mit heraus-
lösbaren Motiven, 280-g-Karton mit Stan-
zung, 8 S. Bastelanl. und Sachinformation. ●●

Das große farbige
Dinosaurierbastelbuch
(**4686**-3) Von S. Koter, 128 S., 87 Farbfotos,
71 Farbzeichn., Vorlagebogen, Pappbd. ●●●

Fensterbilder in Scherenschnitt
(**5169**-7) Von A. Hahn, 32 Seiten, 52 Farbfotos, 3 s/w-Fotos, mit Vorlagebogen in Originalgröße, kartoniert. ●

**Fensterbilder
Meine Lieblingstiere**
(**5197**-2) Von Y. Thalheim, H. Nadolny,
32 Seiten, 38 Farbfotos, mit Vorlagebogen in
Originalgröße, kartoniert. ●

Fensterbilder Enten und Gänse
(**5278**-2) Von D. Köhnen, 48 Seiten, durchgehend vierfarbig, mit Vorlagebogen, kart. ●

Fensterbilder Lustige Tiere
(**5210**-3) Von F. Michalski, 32 S., 47 Farbfotos,
mit Vorlagebogen in Originalgröße, kart. ●

Fensterbilder Bauernhof
(**5264**-2) Von D. Köhnen, 48 Seiten, 44 Farbfotos, Vorlagebogen, kartoniert. ●

Fensterbilder Dinosaurier
(**5260**-X) Von C. Hüfner, 32 S., 8 Farbfotos,
47 Farbzeichnungen, Bastelbogen, kart. ●

Basteln mit Kindern
Fensterbilder Ritter und Burgen
(**5284**-7) Von D. Köhnen, 48 Seiten, durchgehend vierfarbig, mit Vorlagebogen, kart. ●

Mit Farben und Papieren
Fenster dekorieren
(**5255**-3) Von K. Groß, 32 Seiten, 8 Farbfotos,
59 Farbzeichnungen, kartoniert. ●

Basteln mit Kindern
Große Fensterbilder
(**5276**-6) Von D. Köhnen, 48 Seiten, durchgehend vierfarbig, mit Vorlagebogen, kart. ●

Originelle Fensterbilder
aus Tonpapier und Tonkarton
(**1305**-1) Von D. Köhnen, 64 Seiten, 70 Farbfotos, kartoniert. ●●

Die schönsten Fensterbilder
(**1066**-4) Von C. Kimmerle, 64 S., 100 Farbfotos, 7 Zeichnungen, kartoniert. ●●

Das Fensterbilder-Alphabet
Basteln mit Kindern ab 5 Jahren
(**5242**-1) Von E. Bohne, 32 S., ca. 50 Farbabb.,
mit Vorlagebogen in Originalgröße, kart. ●

Märchenhafte Fensterbilder
(**5185**-9) Von J. Maier, 32 S., 37 Farbfotos,
mit Vorlagebogen in Originalgröße, kart. ●

Fensterbilder Blumen und Tiere
(**5186**-7) Von M. Twachtmann, 32 Seiten,
41 Farbfotos, 3 Zeichnungen, mit Vorlagebogen in Originalgröße, kartoniert. ●

Fensterbilder rund um die Welt
(**1411**-2) Von D. Köhnen, 64 Seiten, Vorlagebogen, 66 Farbfotos, kartoniert. ●●

Fensterbilder Zahlen
(**5268**-5) Von E. Bohne, 32 S., zahlr. Farbabbildungen, Vorlagebogen, kartoniert. ●

Fensterbilder Strand und Meer
(**5266**-9) Von B. Alex, 32 S., 57 Farbfotos,
Vorlagebogen, kartoniert. ●

Fensterschmuck
Originelle Ideen für Dekorationen und
Fensterbilder
(**1241**-1) Von D. Köhnen, 64 S., ca. 70 Farbfotos, Vorlagebogen, kartoniert. ●●

Klassisches Origami
Asiatische Faltkunst für Fortgeschrittene
(**1454**-6) Von P. D. Tuyen, ca. 80 Seiten,
ca. 600 farbige Abbildungen, kartoniert. ●●

Sticker
Bastelspaß mit bunten Bildern
(**5270**-7) Von D. Dieterle und J. Reick, 48 S.,
73 Farbfotos, mit Vorlagebogen, kartoniert. ●

Papierflieger
(**5157**-3) Von T. Gött, 32 S., 73 Farbf., 19 Zeichn.
mit Vorlagebogen in Originalgröße, kart. ●

Windspielzeug
Bastelspaß mit Kindern ab 5 Jahren
(**5241**-3) Von D. Köhnen, 32 S., ca. 50 Farbabb., mit Vorlagebg. in Originalgröße, kart. ●

Flieger und Schiffe aus Papier
falten, ausbalancieren und steuern
(1410-4) Von C. Hüfner, ca. 80 Seiten, zahlr.
Farbabbildungen, kartoniert. ●●

Faltschnitte
(5257-X) Von B. Blankenburg, 32 S., 12 Farbf.,
42 Farbzeichn., Vorlagebogen, kartoniert. ●

Laternen und Lampions
(5206-5) Von C. Hüfner, 32 S., 60 Farbfotos,
mit Vorlagebogen in Originalgröße, kart. ●

Mobiles aus Papier
(5183-2) Von J. Maier, 32 S., 17 Farbfotos,
35 Farbzeichnungen, mit Vorlagebogen in
Originalgröße, kartoniert. ●

Tiermobiles
(5258-8) Von C. Hüfner, 32 Seiten, 57 Farbzeichnungen, Vorlagebogen, kartoniert. ●

Sonne, Mond und Sterne
Motive und Geschenkideen
(5282-0) Von D. Köhnen, 48 Seiten, durchgehend vierfarbig, mit Vorlagebogen, kart. ●

Bastelideen für Indianerspiele
(5252-9) Von B. Nelich, D. Velte, 32 Seiten,
38 Farbfotos, Vorlagebogen, kartoniert. ●

Der große Verkleidungsspaß
Kinderkostüme
(1304-3) Von C. Baumgarten, 53 Farbfotos,
183 Farbzeichn., Vorlagebogen, kart. ●●

Lustige Geschenk- und Schultüten
(5263-4) Von F. Michalski, 32 Seiten,
26 Farbfotos, Vorlagebogen, kartoniert. ●

Deco Art
Die Kunst, Geschenke zu verpacken
(0949-6) Von B. Niermann, 80 S., 78 Farbfotos, 191 Zeichnungen, kartoniert. ●●

Geschenke wunderschön verpacken
(1113-X) Von P. Jansen, 80 S., 79 Farbfotos,
166 Farbzeichnungen, kartoniert. ●●

Geschenke umweltfreundlich verpacken
(1240-3) Von P. Jansen, 64 S., vierfarbige
Fotos und Illustrationen, kartoniert. ●

Geldgeschenke
phantasievoll gestalten
(5251-0) Von P. Jansen, 32 Seiten, 49 Farbfotos, Vorlagebogen, kartoniert. ●

Geldgeschenke · Gutscheine ·
Geschenkanhänger
originell gestalten und verpacken
(1115-6) Von S. Haenitsch-Weiß, A. Weiß,
80 Seiten, 176 Farbfotos, kartoniert. ●●

Geschenke verpacken für Kinderfeste
(5195-6) Von C. Netolitzky, 32 S., 43 Farbfotos,
mit Vorlagebogen in Originalgröße, kart. ●

Originelles Ambiente für Gäste
Festdekorationen
(1049-4) Von B. Niermann, 80 S., 125 Farbfotos, 59 Farbzeichn., kartoniert. ●●

Origineller Bastelspaß rund ums Herz
Motive und Geschenkideen
(5272-3) Von D. Köhnen, 48 Seiten, durchgehend vierfarbig, mit Vorlagebogen, kart. ●

Dekorative Schleifen
aus Bändern und Papier
(5205-7) Von M. Schorege, 32 S., 28 Farbfotos, 31 Farbzeichnungen, mit Vorlagebogen
in Originalgröße, kartoniert. ●

Dekorieren und Arrangieren mit
Seidenblumen
(5200-6) Von M. L. Sprang, 32 S., 37 Farbfotos, 14 Farbzeichnungen, mit Vorlagebogen
in Originalgröße, kartoniert. ●

Schmuck- und Glückwunschkarten
Papierarchitektur · Collagen · Faltschnittkarten
(1114-8) Von C. Sanlaeder, 64 S., 55 Farbfotos, 31 Zeichnungen, kartoniert. ●●

Einladungs-, Tisch- und Menükarten
selbst gestalten
(1302-7) Von S. Haenitsch-Weiß, 80 Seiten,
zahlreiche Farbabbildungen, kartoniert. ●●

Basteln mit Kindern
Moosgummi
(5271-5) Von A. und R. Schurr, 48 Seiten,
durchgehend vierfarbig, mit Vorlagebogen,
kartoniert. ●

Originell und Modern
Moosgummi
(1354-X) Von S. Boczkowski-Sigges, 56 Seiten,
92 Farbfotos, kartoniert. ●●

Osterschmuck
Neue Ideen für Kränze, Sträuße, Gestecke
(5267-7) Von I. Gleim, ca. 32 Seiten, zahlr.
Farbabbildungen, kartoniert. ●

Basteln mit Kindern für
Ostern
(5283-9) Von V. Ettelt u.a., 48 Seiten, 12 Farbf.,
83 Farbzeichnungen, mit Vorlageg., kart. ●

Ostereier originell dekorieren
(5219-7) Von W. Velte, 32 S., 44 Farbfotos,
mit Vorlagebogen in Originalgröße, kart. ●

Fensterbilder für die Osterzeit
(5244-8) Von R. Lübke, D. Lübke, 32 S., ca.
50 Farbf., mit Vorlageb. in Originalg., kart. ●

Basteln für Ostern
(5164-6) Von Chr. Adjano, 32 S., 47 Farbfotos,
mit Vorlagebogen in Originalgröße, kart. ●

Ostereier
Basteln mit Kindern ab 5 Jahren
(5243-X) Von Vera Ettelt, 32 Seiten, mit
Spielebogen, kartoniert. ●

Tischdekorationen für Ostern
(5220-0) Von Chr. Adjano, 32 S., 49 Farbfotos,
mit Vorlagebogen in Originalgröße, kart. ●

Basteln und dekorieren für
Advent und Weihnachten
(4446-1) Von G. Teusen, C. Netolitzky, 176 S.,
285 Farbf., mit Bastelvorlageb., Pappb. ●●●

Kinderbastelbuch
für Advent und Weihnachten
(4687-1) Von S. Wetzel-Maesmanns, 104 S.,
ca. 120 Farbfotos, ca. 300 Anleitungsillustra-
tionen, Vorlagebogen, Pappband. ●●

Lustige Bastelideen für die
Weihnachtszeit
(5256-1) Von B. Löschenkohl, 32 S., 8 Farbfotos, 69 Farbzeichn., Vorlagebogen, kart. ●

Basteln für Weihnachten
(5162-X) Von Chr. Adjano, 32 S., 44 Farbfotos,
mit Vorlagebogen in Originalgröße, kart. ●

Fensterbilder Winter und Weihnachten
(5275-8) Von F. Michalski, 48 S., 57 Farbfotos,
Vorlagebogen, kartoniert. ●

Fensterdekorationen für die
Weihnachtszeit
(5181-6) Von Y. Thalheim, H. Nadolny, 32 S.,
33 Farbfotos, mit Vorlagebogen in Originalgröße, kartoniert. ●

Fensterbilder für Advent und
Weihnachten
(5211-1) Von M. Schorege, 32 S., 24 Farbf.,
15 Zeichn., mit Vorlagebg. in Originalg., kart. ●

Strohsterne
in bunter Vielfalt
(5273-1) Von M. Schorege, 48 S., 46 Farbfotos,
Vorlagebogen, kartoniert. ●

Duftender Weihnachtsschmuck
aus Tonpapier und Potpourris
(5254-1) Von S. Wetzel-Maesmanns, 32 Seiten,
38 Farbfotos, Vorlagebogen, kartoniert. ●

Duftsträuße und Potpourris
(1239-X) Von A. Effelsberg, 80 Seiten,
ca. 200 vierfbg. Abbildungen, kartoniert. ●●

Potpourris
Rezepturen und Geschenkideen
(5265-0) Von U. Altmann, 32 Seiten, 53 Farbfotos, kartoniert. ●

Trockenblumen
Gewürzsträuße, Gestecke, Kränze, Buketts
(0643-8) Von R. Strobel-Schulze, 88 Seiten,
170 Farbfotos, kartoniert. ●●

Phantasievolles Schminken
Verzauberte Gesichter für Maskeraden,
Laienspiele und Kinderfeste
(0907-0) Hrsg.: H. u. Y. Nadolny, 64 Seiten,
227 Farbfotos, kartoniert. ●●

Schminken für Kinder
(5177-8) Von Y. Thalheim, H. Nadolny, 32 S.,
68 Farbfotos, mit Vorlagebogen in Originalgröße, kartoniert. ●

Do it yourself und Technik

Moderne Fotopraxis
(4401-1) Von G. Koshofer, Prof. H. Wedewardt,
224 S., 363 Farbfotos, 106 s/w-Fotos, 5 Farb-
und 24 s/w-Zeichnungen, Pappband. ●●●●

So macht man bessere Fotos
(1158-X) Von G. Koshofer, 144 S., 259 Farbfotos, 25 s/w-Fotos, kartoniert. ●●

So macht man bessere Kinderfotos
(1459-7) Von G. Koshofer, ca. 120 Seiten,
ca. 260 farbige Abbildungen, kartoniert. ●●●

Kodak Photo CD
Bilder archivieren, bearbeiten, präsentieren
(4388-0) Von H. Freund, ca. 176 Seiten,
durchgehend vierfarbig, kartoniert. ●●●

Videografieren
Filmen mit Video 8. Technik – Bildgestaltung
– Schnitt – Vertonung.
(0843-0) Von M. Wild, K. Möller, 120 Seiten,
101 Farbfotos, 22 s/w-Fotos, 52 Zeichnungen,
kartoniert. ●●●

Videografieren perfekt
Profitricks für Aufnahmetechnik und
Nachbearbeitung
(0969-0) Von W. Schild, 120 S., 144 Farbabbildungen, 5 s/w-Zeichnungen, kart. ●●●

Besser VIDEOfilmen
Moderne Technik für perfekte Videos
(1458-9) Von W. Schild, ca. 160 Seiten, zahlreiche Farbabbildungen, kartoniert. ●●●

Videofilmen wie ein Profi
Technik · Motive · Filmaufbau ·
Nachbearbeitung
(4506-9) Von T. Pehle, 232 S., 444 Farbfotos,
61 zweifbg. Zeichnungen, Pappband. ●●●●

Do it yourself
Heimwerken
(4117-9) Von T. Pochert, 456 S., 1103 Farbfotos, 100 Farbabb., Pappband. ●●●●

Drechseln
Material · Technik · Beispiele
(1306-X) Von O. Maier, 72 S., 195 Farbabbildungen, 14 s/w-Zeichnungen,
kartoniert. ●●

Do it yourself
Dachgeschoß- und Innenausbau
(1243-8) Von M. Maurer, 96 S., 314 Farbfotos,
35 Zeichn., kartoniert. ●●

Do it yourself
Sanitärinstallationen
(1118-0) Von W. Kawlath, 96 Seiten, 214 Farbabbildungen, kartoniert. ●●

Do it yourself
Metall bearbeiten
(1119-9) Von O. Maier, 96 S., 230 Farbfotos,
6 s/w-Zeichnungen, kartoniert. ●●

Do it yourself
Elektroarbeiten
(0975-5) Von K. H. Schubert, 120 S., 193 Farbfotos, 40 Zeichnungen, kartoniert. ●●

Möbel im Designer-Stil
entwerfen und bauen
(1360-4) Von H.-W. Bastian, ca. 64 Seiten,
zahlr. Farbabbildungen, kartoniert. ●●●

Möbel für Kinderzimmer und Wohnbereich
(**1456**-2) Von H.-W. Bastian, 80 Seiten, vierfarbig, kartoniert. ●●

Schnitzen
Hölzer · Muster · Werkzeuge
(**1414**-7) Von O. Maier, ca. 64 Seiten, zahlr. Farbabbildungen, kartoniert. ●●

Modellbauelektronik
Fernsteuerungen für Autos, Schiffe, Flugzeuge
(**1361**-2) Von W. Kawlath, 80 Seiten, zahlr. Farbabbildungen, kartoniert. ●●

Alarmanlagen
für Wohnung, Haus, Auto
(**1308**-6) Von H.-W. Bastian, 64 Seiten, 81 Farbfotos, 32 Zeichnungen kartoniert. ●●

Solarstromanlagen
bauen und installieren
(**1457**-0) Von P. Röbke-Doerr, E. Steffens, ca. 80 Seiten, ca. 200 farbige Abbildungen, kartoniert. ●●

Hifi-Boxen
(**1307**-8) Von U. Hilgefort, 96 S., 160 Farbfotos, 49 Zeichnungen, kartoniert. ●●

Technik im Garten
Pumpen · Filter · Beleuchtung
(**1238**-1) Von H.-W. Bastian, 64 S., 90 Farbfotos, 17 Farbzeichnungen, kartoniert. ●●

Restaurieren von Möbeln
Stilkunde, Materialien, Techniken, Arbeitsanleitungen in Bildfolgen.
(**4120**-9) Von E. Schnaus-Lorey, 152 S., 37 Farbf. 75 s/w-Fotos, 352 Zeichn., Pappbd. ●●●●

Elektronik als Hobby
Von der Grundlagenschaltung zum integrierten Schaltkreis
Mit 8 wichtigen Universalplatinen
(**4293**-0) Von W. Priesterath, 264 S., 80 s/w-Fotos, 128 Zeichn., Pappband. ●●●●

Die Super-Sportwagen der Welt
(**4423**-8) Von H.G. Isenberg, 194 S., 184 Farbfotos, 4 farbige Ausklapptafeln, 32 s/w-Fotos, Pappband. ●●●●

Die Super-Rennwagen der Welt
(**4707**-X) Von H.G. Isenburg, 194 Seiten, 189 Farbf., 31 s/w-Fotos, Pappband. ●●●●

Die Super-Trucks der Welt
(**4257**-4) Von H.G. Isenberg, 194 Seiten, 205 Farbfotos, 87 s/w-Fotos, 7 Farbzeichn., 4 farbige Ausklapptafeln, Pappband. ●●●●

Die Super-Motorräder der Welt
(**4193**-4) Von H.G. Isenberg, 192 Seiten, 170 Farb- und 100 s/w-Fotos, 8 Zeichnungen, Pappband. ●●●●

Die Super-Eisenbahnen der Welt
(**4287**-6) Von W. Kosak, H.G. Isenberg, 224 S., 269 Farbfotos, 79 s/w-Fotos, 8 Vignetten, 5 farbige Ausklapptafeln, Pappband. ●●●●

Die Super-Dampfloks der Welt
(**4480**-1) Von H. Faust, H.G. Isenberg, 194 Seiten, 193 Farbfotos, mit vier Ausklapptafeln, Pappband ●●●●

Plastikmodellbau
Autos, Schiffe, Flugzeuge in vollendeter Technik.
(**1116**-4) Von W. Kawlath, 96 Seiten, 272 Farbabbildungen, kartoniert. ●●

Spiele und Denksport

Spielbare Witze für Kinder
(**0824**-1) Von H. Schmalenbach, 112 Seiten, 30 Zeichnungen, kartoniert. ●

Neue spielbare Witze für Kinder
(**1173**-3) Von H. Schmalenbach, 96 Seiten, 31 Zeichnungen, kartoniert. ●

Scherzfragen, Drudel und Blödeleien
gesammelt von Kindern.
(**0506**-7) Hrsg. von W. Pröve, 80 Seiten, 57 Zeichnungen, kartoniert. ●

Spiele mit Papier und Bleistift
(**2044**-9) Von K.-H. Koch, ca. 96 Seiten, kartoniert. ●
Der Elefant in meiner Hand . . .

Fingerspiele
für Kinder vom Baby – bis zum Grundschulalter
(**2043**-0) Von G. Falkenberg, 72 Seiten, 146 Farbzeichnungen, kartoniert. ●

Kinderspiele
die Spaß machen
(**2009**-0) Von H. Müller-Stein, 104 Seiten, 28 Abbildungen, kartoniert. ●

Kinderspiele mit Buchstaben und Wörtern
(**1041**-9) Von Dr. U. Vohland, 96 Seiten, 54 Zeichnungen, kartoniert. ●

Spiel und Spaß am Krankenbett
für Kinder und die ganze Familie
(**2035**-X) Von H. Bücken, 96 Seiten, 97 Zeichnungen, kartoniert. ●

Spiele im Freien
(**2038**-4) Von G. Wagner, 88 S., 20 zweifg.-Zeichnungen, kartoniert. ●

Spiel und Spaß zu Hause
(**2039**-2) Von U. Geißler, 80 S., 90 zweifbg. Abbildungen, kartoniert. ●

Spiel und Spaß auf Reisen
Für Kinder und die ganze Familie
(**1085**-X) Von U. Geißler, 80 S., 107 zweifbg.-Zeichnungen, kartoniert. ●

Kleine Spiele ganz groß
(**1330**-2) Von U. Vohland, 80 Seiten, 93 s/w-Zeichnungen, kart. ●

Entdeckungsspiele für die ganze Familie
Rallyes zu Fuß und mit dem Fahrrad
(**1393**-0) Von U. Vohland, 96 S., 117 Zeichnungen, kartoniert. ●●

Kinder spielen Theater
(**4696**-0) Von G. Walter, 160 S., 48 Farbfotos, 229 Farbzeichnungen, Pappband. ●●●

Guten Tag, Kinder!
Neue Texte mit Spielanleitungen fürs Kasperletheater
(**0861**-9) Von U. Lietz, 96 S., 18 s/w-Zeichnungen, kartoniert. ●

Kasperletheater
Spieltexte und Spielanleitungen · Basteltips für Theater und Puppen.
(**0641**-1) Von U. Lietz, 114 Seiten, 4 Farbtafeln, 12 s/w-Fotos, 39 Zeichnungen, kartoniert. ●●

Kindergeburtstage, die keiner vergißt
Planung, Gestaltung, Spielvorschläge.
(**0698**-5) Von G. und G. Zimmermann, 104 S., 80 Vignetten, kartoniert. ●

Kindergeburtstag
Vorbereitung, Spiel und Spaß.
(**0287**-4) Von Dr. I. Obrig, 136 S., 40 Abb., 11 Zeichn., 9 Lieder mit Noten, kart. ●●

Unvergeßliche Kindergeburtstage
(**4705**-3) Von G. Hennekemper, 176 S., 116 Farbfotos, 134 Farbzeichn., Pappband. ●●●

Unvergeßliche Kinderpartys
Tolle Ideen für Einladungen, Dekorationen und Spiele
(**4756**-8) Von V. Mirschel, 112 S., zahlreiche Farbfotos und -zeichnungen, gebunden. ●●●

Unvergeßliche Kinderfeste
Tolle Dekorationen, Spiele, Sketche für drinnen und draußen
(**4457**-7) Von Dr. G. Hennekemper, 192 S., 111 Farbfotos, 214 Farb- und 34 s/w-Zeichnungen, 4 S. Schnittmuster, Pappband. ●●●

Spielen mit den Allerkleinsten
(**4691**-X) Von S. Horak, 128 S., 47 Farbfotos, Pappband. ●●●

Lauter tolle Sachen, die Kinder gerne machen
(**4731**-2) Hrsg. U. Barff., 352 S., 117 Farbfotos, 778 Farbzeichnungen, Pappband. ●●●●

Das große bunte Spielebuch
für Kinder von 2 bis 6 Jahren
(**4543**-3) Von R. Grabbet, 160 S., 312 Farbabbildungen, Pappband. ●●●

Mein kunterbuntes Ratebuch
Rätselspiele mit Bildern und Wörtern für Kinder von 7 bis 10 Jahren
(**4697**-9) Von D. und R. Zey, ca. 144 Seiten, durchgehend vierfarbig, gebunden. ●●●

Neues Buch der siebzehn und vier Kartenspiele
(**0095**-2) Von K. Lichtwitz, 96 S., kartoniert. ●

Alles über Pokern
Regeln und Tricks.
(**2024**-4) Von C. D. Grupp, 112 S., 29 Kartenbilder, kartoniert. ●

Rommé und Canasta
in allen Variationen.
(**2025**-2) Von C. D. Grupp, 88 S., 24 Zeichnungen, kartoniert. ●

Doppelkopf, Schafkopf, Binokel, Cego, Tarock und andere Stammtischspiele.
(**2015**-5) Von C. D. Grupp, 112 S., kartoniert. ●

Das Skatspiel
Eine Fibel für Anfänger
(**0206**-8) Von K. Lehnhoff, 96 S., kartoniert. ●

Spielend Skat lernen
unter freundlicher Mitarbeit des Deutschen Skatverbandes
(**2005**-8) Von Th. Krüger, 120 Seiten, 181 s/w-Fotos, 22 Zeichnungen, kart. ●●

Patiencen
in Wort und Bild. (**2003**-1) Von I. Wolter-Rosendorf, 120 Seiten, kartoniert. ●

Neue Patiencen
(**2036**-0) Von H. Sosna, 160 Seiten, 43 Farbtafeln, kartoniert. ●●

Spielend Bridge lernen
(**2012**-0) Von J. Weiss, 96 Seiten, 58 Zeichnungen, kartoniert. ●

Spieltechnik im Bridge
(**2004**-X) Von V. Mollo und N. Gardener, dt. Adaption von D. Schröder, 152 S., kart. ●●●

Neue Kartentricks
(**2027**-9) Von K. Pankow, 104 Seiten, 20 Abbildungen, kartoniert. ●

Das japanische Brettspiel Go
(**2020**-1) Von W. Dörholt, 104 S., 182 Diagramme, kart. ●

Spielend Go lernen
(**2041**-4) Von H. Otake, S. Futakuchi, 192 S., 615 s/w-Zeichnungen, kartoniert. ●●

Mah-Jongg
Das chinesische Glücks-, Kombinations- und Gesellschaftsspiel. (**2030**-9) Von U. Eschenbach, 80 S., 30 s/w-Fotos, 5 Zeichn., kart. ●

Backgammon
für Anfänger und Könner. (**2008**-2) Von G. W. Fink und G. Fuchs, 104 S., 41 Abb., kart. ●

Einführung in das Schachspiel
(**0104**-5) Von W. Wollenschläger und K. Colditz, 112 S., 116 Diagramme, kartoniert. ●

Schach, das königliche Spiel
Von den Grundzügen zum strategischen Spiel.
(**1105**-9) Von T. Schuster, 192 S., 302 Diagramme, kart. ●●

Spielend Schach lernen
(**2002**-3) Von T. Schuster, 96 S., , kartoniert. ●

Kinder- und Jugendschach
Offizielles Lehrbuch des Deutschen Schachbundes zur Errringung der Bauern-, Turm- und Königsdiplome.
(**0561**-X) Von B. J. Withuis, H. Pfleger, 144 S., 220 Zeichnungen und Diagramme, kart. ●●

Boulevard Buchhandlung und
DER CLUB Buch und Medien Tel.:0341/702421(
Hainstraße 4 04109 Leipzig

5427   23.10.98   04 369/9
01   2.5.916.909   036566

     333831 Club   34,95
KuschelRock 12
     338475 Club   19,95
Amanda Lear
     937805 Club   29,95
Titanic - Vollbild

Gesamtbetrag   84,85
Gegeben Bar   90,00
Rückgeld   5,15
** Es bediente Sie: **
   Frau Prautzsch

19:22 UHR

Mit Büchern wird's gemütlich!
Die schönsten Bücher für den Herbst
in ihrer Boulevard Buchhandlung

Zug um Zug
Schach für jedermann 1
Offizielles Lehrbuch des Deutschen Schachbundes zur Erringung der Bauerndiploms.
(0648-9) Von H. Pfleger, E. Kurz, 80 Seiten,
24 s/w-Fotos, 8 Zeichnungen,
60 Diagramme, kartoniert. ●●

Zug um Zug
Schach für jedermann 2
Offizielles Lehrbuch des Deutschen Schachbundes zur Erringung des Turmdiploms.
(0659-4) Von H. Pfleger, E. Kurz, 128 Seiten,
7 s/w-Fotos, 13 Zeichnungen, 78 Diagramme,
kartoniert. ●●

Zug um Zug
Schach für jedermann 3
Offizielles Lehrbuch des Deutschen Schachbundes zur Erringung des Königsdiploms.
(0728-0) Von H. Pfleger, G. Treppner, 128 S.,
4 s/w-Fotos, 84 Diagr., 10 Zeichn., kart. ●●

Schach für Fortgeschrittene
Taktik und Probleme des Schachspiels
(0219-X) Von R. Teschner, 88 Seiten,
85 Diagramme, kartoniert. ●

Neue Schacheröffnungen
(0478-8) Von T. Schuster, 104 Seiten,
100 Diagramme, kartoniert. ●

Würfelspiele
für jung und alt. (2007-4) Von F. Pruss, 112 S.,
21 s/w-Zeichnungen, kartoniert. ●

Roulette richtig gespielt
Systemspiele, die Vermögen brachten.
(0121-5) Von M. Jung, 96 S., zahlreiche
Tabellen, kartoniert. ●

Spiele für Party und Familie
(2014-7) Von Rudi Carrell, 80 S., 22 Zeichnungen, kartoniert. ●

Neue Spiele für Ihre Party
(2022-8) Von G. Blechner, 120 S., 54 Zeichnungen, kartoniert. ●

Lustige Tanzspiele und Scherztänze
für Partys und Feste
(0165-7) Von E. Bäulke, 80 S., 53 Abb., kart. ●

Das Spiel mit der Schwerkraft
Jonglieren
Mit Bällen, Keulen, Ringen und Diabolo.
(1009-9) Von S. Peter, 80 S., 149 Farbfotos,
kartoniert. ●

Zaubern
einfach – aber verblüffend.
(2018-X) Von D. Bouch, 84 Seiten, 41 Zeichnungen, kartoniert. ●

Tips, Tricks und Gewinnstrategien für
Game-Boy-Spiele
(1235-7) Von René Zey, 176 Seiten,
100 Zeichnungen, kartoniert. ●●

Neue Game-Boy-Spiele
Sport, Action und Adventure
(1325-6) Von R. Zey, 176 Seiten, 21 s/w-
Zeichnungen, kartoniert. ●●

Alles über Super-Nintendo-Spiele
Technik, Tips und Facts
(1340-X) Von D. Mark, 104 S., zahlreiche
Farbabbildungen, kartoniert. ●

Das 3. Glücksrad Rätselbuch
(1391-4) 160 Seiten, kartoniert. ●●

Rätselspiele
Quiz- und Scherzfragen für gesellige Stunden
(1270-5) Von K. H. Schneider, ca. 80 Seiten,
ca. 80 s/w-Abbildungen, kartoniert. ●

Knobeleien und Denksport
(2019-8) Von K. Rechberger, 142 Seiten,
105 Zeichnungen, kartoniert. ●

So feiert man Feste fröhlicher
Heitere Vorträge und Gedichte
(0098-7) Von Dr. Allos, 96 Seiten, 15 Abbildungen, kartoniert. ●

Die große Lachparade
Neue Texte für heitere Vorträge und Ansagen
(0188-6) Von E. Müller, 80 S., kartoniert. ●

Rat und Wissen

Der gute Ton
in Gesellschaft und Beruf.
(0063-4) Von I. Wolter, 80 S., 42 s/w-Fotos,
7 Zeichnungen, kartoniert. ●

Der gute Ton
im Privatleben.
(1111-3) Von I. Wolter, bearbeitet von Wolf
Stenzel, 104 S., 42 s/w-Abbildungen, kart. ●

Umgangsformen heute
Die Empfehlungen des Fachausschusses für
Umgangsformen.
(4015-6) Von I. Wolff, 108 s/w-Fotos, 17 Zeichnungen, Pappband. ●●●

Abc der modernen Umgangsformen
(4754-1) Von I. Wolff, ca. 300 Seiten,
zahlreiche Abbildungen, gebunden. ●●●

Benehmen bei Tisch
(0988-7) Von I. Cording, 80 S., 90 Farbfotos,
5 s/w-Zeichnungen, kartoniert. ●●

Krawatten
Fliegen, Schals und Tücher gekonnt binden
(1072-9) Von Y. Thalheim, H. Nadolny, 48 S.,
129 Farbfotos, 1 s/w-Foto, Pappband. ●●

freundin
Farbberatung
Alle Farben, die Ihnen wirklich stehen
(4520-4) Von Chr. Buscher, 128 Seiten,
175 Farbfotos, Pappband ●●●●

freundin
Das perfekte Make-up
(4727-4) Von M. Rüdiger, H. Kirchberger,
G. Mergenburg, 128 Seiten, 271 Farbfotos,
Pappband. ●●●●

freundin
Der große Ratgeber
Body Fitness
Diät · Pflege · Bräune · Gymnastk ·
Anti-Cellulite-Programm
(4758-4) Von M. Bückmann u.a., ca. 128 S.,
durchgehend vierfarbig, gebunden. ●●●●

freundin Ratgeber
Hochzeit feiern
(4702-2) Von C. von Hoerner-Nitsch, I. Weber,
K. Riebartsch, C. von Bernuth, 128 Seiten,
188 Farbfotos, · 28 s/w-Fotos, Pappbd. ●●●●

freundin
Typ & Frisur
(4695-2) Von E. Bolz, 128 S., 219 Farbfotos,
Pappband. ●●●●

Gedichte, Reden und Sketche
für grüne, silberne u. goldene Hochzeitstage
(1269-1) Von F. Rieder, 160 S., durchgehend
vierfarbig, Pappband. ●●

Von der Verlobung zur Goldenen
Hochzeit
(0393-5) Von E. Runge, 112 Seiten,
kartoniert. ●

Hochzeitszeitungen
Tolle Ideen für Leute von heute
(1379-5) Von Y. Thalheim, 80 S., 160 zweifbg.
Abbildungen, kartoniert. ●●

Die Silberhochzeit
Vorbereitung · Einladung · Geschenkvorschläge · Dekoration · Festablauf · Menüs ·
Reden · Glückwünsche. (0542-3) Von K. F.
Merkle, 112 S., 41 Zeichnungen, kartoniert. ●

Geburtstagsfeiern für jedes Alter
Planung und Festgestaltung
(1382-5) Von S. Ahrndt, 120 S., 145 Farbfotos,
28 Farbzeichnungen, kartoniert. ●●

Geburt und Taufe feiern
Planung und Festgestaltung
(1443-0) Von S. Ahrendt, 112 Seiten, 46 Farbzeichn., kartoniert. ●

Wie soll es heißen?
(0211-4) Von D. Köhr, 136 S., kartoniert. ●

Unsere beliebtesten Vornamen
(1023-0) Von A. F. W. Weigel, 160 Seiten,
75 s/w-Fotos, Pappband. ●●

Die schönsten Vornamen
(4755-X) Hrsg. Dr. D. Voorgang,
ca. 208 Seiten, über 100 Farbzeichnungen,
gebunden. ●●

Kindergedichte, Lieder und Sketche für
Hochzeitsfeiern
(1112-1) Von B. Lins, 72 Seiten, 26 farbige
Abbildungen, 15 Lieder, kartoniert. ●

Neue Kindergedichte und Lieder
für Hochzeitsfeste
(1431-7) Von A. Schweiggert, 80 S., 27 s/w-
Zeichnungen, kartoniert. ●

Kindergedichte rund ums Jahr
(1040-0) Von A. Schweiggert, 80 Seiten,
49 Zeichnungen, 6 Vignetten, kartoniert. ●

Kindergedichte für alle Tage und Feste
Freu dich, daß noch Blumen sprießen . . .
(1489-9) Von G. Rudolf, 160 S., durchgehend
zweifarbig, kartoniert. ●

Ins Gästebuch geschrieben
(0576-8) Von K. H. Trabeck, 96 Seiten,
24 Zeichnungen, kartoniert. ●

Der Verseschmied
Kleiner Leitfaden für Hobbydichter.
(0597-0) Von T. Parisius, 96 Seiten,
28 Zeichnungen, kartoniert. ●

Mach' dir einen Reim
Der moderne Verseschmied
(1433-3) Von G. Rudorf, 192 S., Pappband. ●●

Die schönsten Volkslieder
(0432-5) Hrsg. D. Walther, 128 S., mit Noten
und Zeichnungen, kartoniert. ●

Alte und neue
Wanderlieder
(1268-3) Von P. G. Walter, 96 S., zweifarbig,
kartoniert. ●●

Neue Glückwunschfibel
für groß und klein.
(0156-8) Von R. Christian-Hildebrandt, 96 S.,
13 Vignetten, kartoniert. ●

Großes Buch der Glückwünsche
(0255-6) Hrsg. von O. Fuhrmann, 176 S.,
77 Zeichnungen und viele Gestaltungsvorschläge, kartoniert. ●

Wetter und Wind ändern sich geschwind
Beliebte Bauernregeln
(1267-5) Von G. Haddenbach, ca. 80 Seiten,
ca. 30 zweifarbige Illustrationen, kart. ●

Beliebte Verse fürs Poesiealbum
Rosen, Tulpen, Nelken . . .
(0431-1) Von W. Pröve, 96 Seiten, 11 Faksimile-Abbildungen, kartoniert. ●

Verse fürs Poesiealbum
(0241-6) Von I. Wolter, 120 Seiten, 20 Abbildungen, kartoniert. ●

Heiter und besinnliche
Verse fürs Poesiealbum
(1069-9) Von B. H. Bull, 160 Seiten, 70 zweifarbige Illustrationen, Pappband. ●●

Klassische Verse und Zitate
Für Glückwünsche, Briefe, Reden und Poesiealben
(1223-3) Von P. Motzan, 224 Seiten, 40 Abbildungen, Pappband. ●●

Die Kunst der freien Rede
Ein Intensivkurs mit vielen Übungen,
Beispielen und Lösungen.
(4189-6) Von G. Hirsch, 232 Seiten, 11 Zeichnungen, Pappband. ●●

Trinksprüche, Gästebuchverse,
Richtsprüche
(0224-6) Von D. Kellermann, 96 Seiten,
kartoniert. ●

Glückwünsche, Toasts und Festreden zu
Polterabend und Hochzeit
(0264-5) Von I. Wolter, 112 Seiten, 18 Zeichnungen, kartoniert. ●

Trinksprüche und Festreden
(1321-3) Von L. Metzner, 144 S., 13 zweifarbige Zeichnungen, Pappband. ●●

Grußworte
für Gemeindefeiern, Vereinsjubiläen und
andere offizielle Anlässe
(4741-X) Von M. Adam, 192 S., Pappbd. ●●

Moderne Reden und Ansprachen
(4742-8) Von M. Adam, 464 Seiten,
Pappband. ●●●●

Reden zu Familienfesten
(0675-9) Von G. Georg, 112 S., kartoniert. ●

Reden im Verein
Mustersprachen für viele Gelegenheiten
(0703-5) Von G. Georg, 112 S., kartoniert. ●

Reden zum Jubiläum
Mustersprachen für viele Gelegenheiten
(0595-4) Von G. Georg, 112 S., kartoniert. ●

**Reden und Sprüche zu Grundsteinlegung,
Richtfest und Einzug**
(0598-0) Von A. Bruder, G. Georg, 96 Seiten,
kartoniert. ●

Die überzeugende Rede
Mehr Erfolg durch bessere Rhetorik
(0076-6) Von K. Wolter, G. Kunz, 96 Seiten,
kartoniert. ●

Moderne Korrespondenz
Handbuch für erfolgreiche Briefe
(4014-8) Von H. Kirst und W. Manekeller,
544 Seiten, Pappband. ●●●●

Musterbriefe
für alle Gelegenheiten
(0231-9) Hrsg. von O. Fuhrmann, 240 Seiten,
kartoniert. ●●

Der moderne Brief
Geschäfts- und Privatkorrespondenz empfän-
gerorientiert schreiben
(1440-6) Von Dr. G. Reinert-Schneider, 112 S.,
44 s/w-Zeichnungen, kartoniert. ●●

Geschäftsbriefe
zeitgemäß und stilsicher
(1323-X) Von G. Briese-Neumann, 152 S.,
kartoniert. ●

Geschäftsbriefe
für Privatleute, Handwerker und Kaufleute
(0041-3) Von G. Briese-Neumann, ca. 120 S.,
kartoniert. ●

Einladungen texten und gestalten
(1484-8) Von R. Zey und A. Bellingen, ca. 80 S.,
kartoniert. ●

Privatbriefe
Muster für alle Gelegenheiten.
(0114-2) Von I. Wolter-Rosendorf, 112 S., kart. ●

Erfolgstips für den Schriftverkehr
Briefgestaltung · Rechtschreibung · Zeichen-
setzung · Stil. (0678-0) Von U. Schoenwald,
112 Seiten, kartoniert. ●

Behördenkorrespondenz
Musterbriefe · Anträge · Einsprüche
(0412-5) Von E. Ruge, 112 S., kartoniert. ●

Worte und Briefe der Anteilnahme
(0464-8) Von E. Ruge, M. Adam, 88 Seiten,
mit vielen Abbildungen, kartoniert. ●

Briefe zu Geburt und Taufe
Glückwünsche und Danksagungen. (0802-3)
Von H. Beitz, 96 S., 12 Zeichnungen, kart. ●

FALKEN Rechtsberater
Fallbeispiele · Musterbriefe · Gerichtsurteile
(4734-7) Hrsg. S. von Hasseln, 756 Seiten,
Pappband. ●●●●

**Alles, was man über Erziehungsgeld,
Mutterschutz, Erziehungsurlaub wissen
muß**
Das neue Recht für Eltern
(0835-X) Von K. Möcks, A. Schmitt, 144 S.,
kartoniert. ●

**Alles, was man über die nichteheliche
Lebensgemeinschaft wissen muß**
(1071-0) Von T. Drewes, 104 Seiten, 8 s/w-
Zeichnungen, kartoniert. ●

Scheidung und Unterhalt
nach dem neuen Eherecht.
(0403-6) Von T. Drewes, 112 S., mit Kosten
und Unterhaltstabellen, kartoniert. ●●

Alles, was man über
Eheverträge
wissen muß
(1483-X) Von T. Münster, 128 Seiten,
kartoniert. ●

**Alles, was man über Scheidung und
Unterhalt wissen muß**
(1264-0) Von T. Drewes, 128 Seiten,
kartoniert. ●

Alles, was man über Renten wissen muß
Mit Rentenreformgesetz 1992
(1265-9) Von K. Möcks, A. Schmitt, 112 Seiten,
kartoniert. ●

Rasthaus-Ratgeber
Kinder haben keine Bremse
Verkehrserziehung für Kinder ab 3 Jahren
(1497-X) Von H.-D. Barth, 80 S, durchgehend
vierfarbig, kartoniert. ●●

Rasthaus-Ratgeber
Stop dem Autoklau
Die wirksamsten Methoden gegen Autodieb-
stahl
(1485-6) Von M. Maurer, 64 Seiten, durchgehend vierfarbig, kartoniert. ●●

Rasthaus-Ratgeber
Gebrauchtwagenkauf
Auswahl · Bewertung · Kaufvertrag
(1498-8) Von U. Traub, 80 Seiten, durchgehend vierfarbig, kartoniert. ●●

Wolfgang Büsers Erfolgstips
Rentenreform '92
(1244-6) Von W. Büser, 80 S., kartoniert. ●

Wolfgang Büsers Erfolgstips
Teilzeitarbeit
(1266-7) Von W. Büser, 80 S., kartoniert. ●

Wolfgang Büsers Erfolgstips
(Lohn-) Einkommensteuer '92
Aktuell: Zinssteuer '93
(1324-8) Von W. Büser, 176 S., kartoniert. ●●

Vermögensbildung mit System
Anlageformen · Strategien · Praxistips
(1445-7) Von W. Schwanfelder, 160 Seiten,
kartoniert. ●

**Alles, was man über
BAföG wissen muß**
(1387-X) Von A. Mengeringhausen, 144 Seiten,
kartoniert. ●●

Testament und Erbschaft
Erbfolge, Rechte und Pflichten der Erben, Erb-
schafts- und Schenkungssteuer, Mustertesta-
mente. (4139-X) Von T. Drewes, R. Hollender,
304 Seiten, Pappband. ●●●

Erbrecht und Testament
(0046-4) Von H. Wandrey, 124 S., kart. ●

**Alles, was man über Testament und Erb-
schaft wissen muß**
(0939-9) Von T. Drewes, 136 Seiten, 9 s/w-
Zeichnungen, kartoniert. ●

Mietrecht
Leitfaden für Mieter und Vermieter
(0479-5) Von J. Beuthner, 196 S., kart. ●●

Haushaltstips
praktisch und umweltfreundlich
(1046-X) Von K. Winkell, 96 Seiten, 36 Zeichnungen, kartoniert. ●

Texte für den Anrufbeantworter
(1389-2) Von G. Kunz, 80 S., 12 s/w-Zeich-
nungen, kartoniert. ●

**Alles, was man über den Umgang mit
Behörden wissen muß**
(1390-6) Von K. Möcks, A. Schmitt, 132 Seiten,
kartoniert. ●

Wege zum Börsenerfolg
Aktien · Anleihen · Optionen
(4275-2) Von H. Krause, 252 S., 4 s/w-Fotos,
86 Zeichnungen, Pappband. ●●●●

Wörter und Unwörter
Sinniges und Unsinniges der deutschen
Gegenwartssprache
(1401-7) Hrsg. Gesellschaft für deutsche
Sprache, 176 Seiten, kartoniert. ●●●

Richtige Groß- und Kleinschreibung
durch neue, vereinfachte Regeln. Erläuterun-
gen der Zweifelsfragen anhand vieler Beispiele.
(0897-X) Von Prof. Dr. Ch. Stetter, 96 Seiten,
kartoniert. ●

Gutes Deutsch schreiben und sprechen
(4432-1) Von W. Manekeller, Dr. G. Reinert-
Schneider, 416 S., durchgehend zweifarbig,
Pappband. ●●●●

Mehr Erfolg in der Schule
**Deutsche Rechtschreibung und
Grammatik**
Übungen und Beispiele für die Klassen 5–10.
(4407-0) Von K. Schreiner, 256 S., durchge-
hend zweifarbig, Pappband. ●●●●

Diktate besser schreiben
Übungen zur Rechtschreibung für die Klassen
4 bis 8
(0469-9) Von K. Schreiner, 152 S., 31 Zeichnungen, kartoniert. ●●

Deutsche Grammatik
Ein Lern- und Übungsbuch
(0704-3) Von K. Schreiner, 122 S., kart. ●●

Aufsätze besser schreiben
Förderkurs für die Klassen 4 – 10
(0429-X) Von K. Schreiner, 144 Seiten,
31 Abb., kartoniert. ●●

Mehr Erfolg in der Schule
Der Deutschaufsatz
Übungen und Beispiele für die Klassen 5 – 10.
(4271-X) Von K. Schreiner, 240 S., 4 s/w-
Fotos, 51 Zeichnungen, Pappband. ●●●●

Mehr Erfolg in der Schule
Deutsch
Textinterpretation, Literaturgeschichte und
Stilkunde
(4483-6) Von K. Schreiner, 272 S., 43 zwei-
farbige Zeichnungen, Pappband. ●●●●

Gedächtnistraining mit Eselsbrücken
(1388-4) Von W. Ettig, 96 S., 36 s/w-Zeich-
nungen, kartoniert. ●

Geschichte
Von der Französischen Revolution bis zur
Gegenwart
(4723-1) Von K. Schreiner, 256 S., 50 s/w-
Fotos, 10 Farbzeichnungen, 6 zweifarbige
Landkarten, Pappband. ●●●●

Geographie
Natürliche Grundlagen · Gestaltung der
Umwelt · Die Staaten der Erde
(4724-X) Von V. Disch, 256 S., ca. 40 Karten
und Grafiken, Pappband. ●●●●

Mehr Erfolg in der Schule
Mathematik 1
Arithmetik und Algebra. Übungen, Beispiele
und Lösungen für die Klassen 5 bis 10.
(4420-8) Von R. Müller-Fonfara, 256 Seiten,
193 Zeichn., 2 s/w-Fotos, Pappband. ●●●●

Mehr Erfolg in der Schule
Mathematik 2
Geometrie, Statistik, Wahrscheinlichkeitsrech-
nung und kaufmännisches Rechnen
(4456-9) Von R. Müller-Fonfara, W. Scholl,
256 Seiten, 6 s/w-Fotos, 304 Zeichnungen,
Pappband. ●●●●

**Mathematische Formeln für Schule und
Beruf**
Mit Beispielen und Erklärungen.
(0499-0) Von R. Müller-Fonfara, 156 Seiten,
210 Zeichnungen, kartoniert. ●●

Schülerlexikon der Mathematik
Formeln, Übungen und Begriffserklärungen
für die Klassen 5 – 10
(0430-3) Von R. Müller-Fonfara, 176 Seiten,
96 Zeichnungen, kartoniert. ●●

6

Mehr Erfolg in der Schule
Mathematik 3
Analysis, analytische Geometrie und lineare Algebra
(**4541**-7) Von R. Müller-Fonfara, W. Scholl, 240 Seiten, 140 zweifarbige Grafiken, Pappband.●●●●

Mehr Erfolg in der Schule
Mathematik 4
Für die Klassen 11 bis 13
(**4701**-0) Von R. Müller-Fonfara, W. Scholl, 240 Seiten, 91 Zeichnungen, 3 s/w-Fotos, Pappband. ●●●●

Mathematik-Textaufgaben leicht gelöst
Aufgaben · Lösungsstrategien · Anwendungsbeispiele
(**1022**-2) Von R. Müller-Fonfara, 128 Seiten, 4 Zeichnungen, kartoniert. ●●

Rechnen aufgefrischt für Schule und Beruf.
(**0100**-2) Von H. Rausch, 144 S., kartoniert. ●

Besseres Englisch
Grammatik und Übungen für die Klassen 5 bis 10.
(**0745**-X) Von E. Henrichs, 144 S., kart. ●●

Mehr Erfolg in der Schule
Englisch
Textinterpretationen
(**4518**-2) Von E. Henrichs-Kleinen, 256 S., Pappband.●●●●

Mehr Erfolg in der Schule
Englische Grammatik
Regeln und Übungen für die Klassen 5 bis 13
(**4431**-3) Von E. Henrichs-Kleinen, 256 S., durchgehend zweifarbig, Pappband. ●●●●

Besseres Französisch
Grammatik und Übungen für die Klassen 9 bis 11
(**1039**-7) Von R. Lübke, 114 S., durchgehend zweifarbig, kartoniert. ●●

Mehr Erfolg in der Schule
Französische Grammatik
Für die Klassen 7 bis 13
(**4703**-7) Von R. Lübke, ca. 256 S., durchgehend zweifarbig, Pappband. ●●●●

Schnell und sicher zum Führerschein
Tips und Tricks aus 30jähriger-Fahrlehrer-Praxis.
(**1232**-2) Von O. Einert, 152 S., 156 Farbfotos, 161 z.T. farb. Zeichnungen, kartoniert. ●●

Die aktuellen Prüfungsfragen und Prüfungsbogen für den Führerschein Klasse 3
(**1490**-2) 104 Seiten, 371 Farbfotos, kart. ●●

Der Test-Knacker bei Führerscheinverlust
(**1262**-4) Von T. Rieh, 128 S., kartoniert. ●●

Erfolgreiche Bewerbung um einen Ausbildungsplatz
(**0715**-9) Von H. Friedrich, 128 S., kartoniert.●

Bewerbungsstrategien
Erfolgreiche Konzepte für Karrierebewußte
(**1027**-3) Von Dr. W. Reichel, 128 S., kart. ●●

Karriereplanung mit System
Bewerbungsstrategien für Frauen
(**4455**-0) Von R. Ibelgaufts, 144 Seiten, 20 Cartoons, Pappband. ●●

Die Bewerbung
Der moderne Ratgeber für Bewerbungsbriefe, Lebenslauf und Vorstellung
(**4138**-1) Von W. Manekeller, 264 Seiten, Pappband. ●●●

Die erfolgreiche Bewerbung
Bewerbung und Vorstellung
(**0173**-9) Von W. Manekeller, U. Schoenwald, 144 Seiten, kartoniert. ●●

Lebenslauf und Bewerbung
Beispiele für Inhalt, Form und Aufbau
(**0428**-1) Von H. Friedrich, 112 S., kartoniert. ●

Bewerbungsbriefe und Stellensuche
Für handwerkliche, gewerblich-technische und kaufmännische Berufe
(**0138**-X) Von Dr. W. Reichert, 96 S., kart. ●

Das überzeugende
Vorstellungsgespräch
Erfolgreiche Strategien für den ersten Eindruck
(**1261**-6) Von R. Ibelgaufts, 144 S., kart. ●●

Vorstellungsgespräche
sicher und erfolgreich führen.
(**0636**-5) Von H. Friedrich, 144 Seiten, kart. ●

Einstellungstests und andere
Methoden der Bewerberauswahl
(**1263**-2) Von Dr. R. Hilke, H. Hustedt, 160 S., 27 Zeichnungen, kartoniert. ●●

Keine Angst vor Einstellungstests
Ein Ratgeber für Bewerber.
(**0793**-6) Von Ch. Titze, 120 Seiten, 67 Zeichnungen, kartoniert. ●

Assessment Center
Erfolgstips und Übungen für Bewerber
(**1385**-X) Von H. Beitz und A. Loch, ca. 128 S., kartoniert. ●●

Berufsstart für Hochschulabsolventen
Erfolgsstrategien für Bewerbung und Vorstellung
(**1482**-1) Von Dr.W. Reichel, ca. 144 S., kart. ●●

freundin Ratgeber
Psychoterror am Arbeitsplatz
Mobbing
(**1434**-1) Von B. Huber, 160 S., kartoniert. ●●

freundin Ratgeber
Leitfaden für Alleinerziehende
Frau mit Kind
(**1476**-7) Von G. Teusen, ca. 144 S., kart. ●●

freundin
Kind und Beruf:
(K)ein Problem
(**1322**-1) Von I. Weber, 168 Seiten, 14 Zeichnungen, kartoniert. ●●

freundin Ratgeber
Neu im Job:
So überzeugen Sie
(**1259**-4) Von G. Teusen, 160 S., kart. ●●

Die ersten Tage am neuen Arbeitsplatz
Ratschläge für den richtigen Umgang mit Kollegen und Vorgesetzten
(**0855**-4) Von H. Friedrich, 104 Seiten, kart. ●

Zeugnisse im Beruf
richtig schreiben, richtig verstehen
(**0544**-X) Von H. Friedrich, 112 Seiten, kart. ●

Arbeitszeugnisse
verstehen und interpretieren
(**1444**-9) Von A. Nasemann, 136 S., kart. ●●

So lernt man leicht und schnell
Maschinenschreiben
Lehrbuch für Schulen, Lehrgänge und Selbstunterricht. (**0568**-7) Von M. Kempkes, 112 S., 48 Zeichnungen, kartoniert. ●●

FALKEN-Software
Maschinenschreiben und Tastaturtraining für Computer
(**7009**-8) Von B. Hoppius, Diskette 5 1/4˝ u. 3 1/2˝ für IBM-PC + Kompatible, mit Begleitheit. ●●●●●ⁱ

Leicht und schnell gelernt
Maschinenschreiben im Selbstunterricht
(**0170**-3) Von O. Fonfara, 88 S., kartoniert.●

Buchführung leicht gemacht
Ein methodischer Grundkurs für den Selbstunterricht (**4238**-8) Von D. Machenheimer, R. Kersten, 252 Seiten, Pappband. ●●

Buchführung leicht gefaßt
Für Handwerker, Gewerbetreibende und freiberuflich Tätige.
(**0127**-4) Von R. Pohl, 104 S., kartoniert. ●

Stenografie leicht gelernt
im Kursus oder Selbstunterricht
(**0266**-1) Von H. Kaus, 64 S., kart. ●

Gitarre spielen
Ein Grundkurs für den Selbstunterricht
(**0534**-2) Von A. Roßmann, 96 S., 1 Schallfolie, 150 Zeichnungen, kartoniert. ●●●

FALKEN & HOHNER: Workshop Musik
Gitarre spielen
Folk, Blues, Pop, Rock auf der akustischen Gitarre
Für Anfänger und Wiedereinsteiger
(**1437**-6) Von W. Ruß, ca. 80 S., Begleit-CD ca. 60 Min. Spieldauer, zahlreiche Illustrationen und Fotos, kartoniert. ●●●●

FALKEN & HOHNER: Workshop Musik
Keyboard spielen
Pop & Rock
Für Anfänger und Wiedereinsteiger
(**1435**-X) Von M. Lonardoni, ca. 80 Seiten, Begleit-CD, ca. 60 Min. Spieldauer, zahlreiche Illustrationen und Fotos, kartoniert. ●●●●

FALKEN & HOHNER: Workshop Musik
Singen
In Chor, Singgruppe und solo
Für Anfänger und Wiedereinsteiger
(**1436**-8) Von W. Layer, ca. 80 S., Begleit-CD ca. 60 Min. Spieldauer, zahlreiche Illustrationen und Fotos, kartoniert. ●●●●

Faszinierendes Erlebnis
Tierwelt
(**4706**-1) Von U. und W. Dolder, 196 Seiten, 314 Farbzeichnungen, Pappband. ●●●

Das große Buch der
Antworten auf Kinderfragen
(**4477**-1) Von H. Hofmann, U. Kopp, G. Jankovics u.a., 192 Seiten, 308 Farbzeichnungen, Pappband. ●●●

FALKEN LEXIKON
Das Wissen unserer Zeit
(**4736**-3) Hrsg. Lexikographisches Institut, 1008 Seiten, 681 Farbfotos, 1142 Farbzeichn., Pappband. ●●●●

Das neue, farbige
Jugendlexikon
(**4472**-0) Von J. Frey, D. Rex, 304 Seiten, 269 und 52 s/w-Fotos, 6 Farbzeichnungen, Pappband. ●●●●

Das große farbige Kinderlexikon
(**4195**-0) Von U. Kopp, 320 S., 493 Farbabbildungen, 17 s/w-Fotos, Pappband. ●●●●

Kinder-Überraschung
(**1499**-6) Von M. Semmel, ca. 80 Seiten, durchgehend vierfarbig, kartoniert. ●●

Briefmarken sammeln
(**0481**-8) Von D. Stein, 120 S., 4 Farbtafeln, 98 s/w-Abbildungen, kartoniert. ●

Telefonkartenlexikon für Sammler
(**1406**-6) Von M. Burzan, ca. 160 Seiten, zahlreiche Farbabbildungen, kartoniert. ●●●

Telefonkarten sammeln
Serien · Preise · Sammeltips
(**1326**-4) Von M. Burzan, 128 S., 251 Farbfotos, kartoniert. ●●●

Die Handschrift als Spiegel des Charakters
Graphologie
(**1025**-7) Von Dr. W. Busch, 104 S., 87 Schriftproben, kartoniert. ●

Familienforschung · Ahnentafel · Wappenkunde
Wege zur eigenen Familienchronik
(**0744**-2) Von P. Bahn, 128 S., 8 Farbtafeln, 30 Abbildungen, kartoniert. ●●

Familienforschung und Wappenkunde
(**4485**-2) Von P. Bahn, 224 S., 114 zweifarbige Abbildungen, Pappband. ●●●●●

freundin Ratgeber
Frauen allein auf Reisen
(**1260**-8) Von H. Guilino, 192 S., 7 Zeichnungen, kartoniert. ●●

Brain Building
Das Supertraining für Gedächtnis, Logik, Kreativität
(**4704**-5) Von M. vos Savant, 256 Seiten, Pappband. ●●●

Traumdeutung
Die Bildersprache unserer Traumwelt entschlüsseln
(4486-0) Von G. Fink, 384 Seiten, 74 zweifarbige Fotos, Pappband. ●●●●

Kinderträume
Ein Ratgeber für Eltern
(4505-0) Von G. Fink, 176 S., 6 s/w-Zeichnungen, Pappband. ●●●

Wahrsagen
mit den Karten der Madame Lenormand
(1328-0) Von B. A. Mertz, 108 Seiten, 39 s/w-Abbildungen, kartoniert. ●●

Die 12 Tierzeichen
Chinesisches Horoskop
(0423-0) Von G. Haddenbach, 88 Seiten, kartoniert. ●

Partnerschaftshoroskop
Glück und Harmonie mit Ihrem Traumpartner.
(0587-3) Von G. Haddenbach, 112 Seiten, 11 Zeichnungen, kartoniert. ●

Im Zeichen der Sterne
(0951-8) Der feurige Widder
(0952-6) Der willensstarke Stier
(0953-4) Die vielseitigen Zwillinge
(0954-2) Der feinfühlige Krebs
(0955-9) Der königliche Löwe
(0956-9) Die zuverlässige Jungfrau
(0957-7) Die charmante Waage
(0958-5) Der leidenschaftliche Skorpion
(0959-3) Der temperamentvolle Schütze
(0960-7) Der treue Steinbock
(0961-5) Der selbstbewußte Wassermann
(0962-3) Die romantischen Fische
Von G. Haddenbach, 64 Seiten, 35 Farbfotos, Pappband. ●

Das neue FALKEN
Computerlexikon
(4356-2) Von Dr. B. Kopp, 336 S., 121 s/w-Fotos, 184 Computergrafiken, Pappbd. ●●●●

Computer-Grundwissen
Eine Einführung in Funktion und Einsatzmöglichkeiten
(4359-7) Von Chr. T. Wolff, 176 S., 182 Farbfotos, kartoniert.●●●●
(4358-9) Pappband.●●●●

Der PC
(4732-0) Von U. u. H. Freund, 336 Seiten, 386 Farbfotos, Pappband. ●●●●●

freundin
Das Computerbuch für Frauen
(4372-4) Von M. Thiel, 176 S., 102 Farbfotos, 73 Zeichnungen, Pappband. ●●●●

Desktop Publishing: Typografie und Layout Seiten gestalten am PC · für Einsteiger und Profis
(4330-9) Von Dr. H. D. Baumann, M. Klein, 320 S., zahlreiche zweifarbige Abbildungen, Pappband. ●●●●●

PC HELP!
Wissenschaftliche Texte mit Word 5.5
(4360-0) Von P. Vogel, 80 S., 34 zweifarbige Screenshots, kartoniert. ●●

PC HELP!
Praktische Computernutzung mit Works 2.0
(4369-4) Von A. Görgens, 72 Seiten, 64 zweifarbige Screenshots, kartoniert. ●●

PC HELP!
DFÜ mit dem PC
(4370-8) Von M. Hofmann, 88 Seiten, 41 zweifarbige Screenshots, kartoniert. ●●

PC HELP!
Zeichnen mit dem PC
(4361-9) Von M. Hofmann, 88 S., 57 zweifarbige Screenshots, kartoniert. ●●

PC HELP!
Präsentation mit dem PC
(4368-6) Von M. Hofmann, 96 S., 47 zweifarbige screenshots, kartoniert. ●●

PC HELP!
CONFIG. SYS. und AUTOEXEC. BAT
Optimale Systemkonfiguration
(4338-4) Von A. Görgens, 64 S., ca. 50 s/w-Abbildungen und Grafiken, kartoniert. ●●

PC HELP!
DOS-Kommandos richtig nutzen
(4339-2) Von A. Görgens, 64 S., ca. 50 s/w-Abbildungen und Grafiken, kartoniert. ●●

PC HELP!
Die ersten Schritte mit dem PC
(4344-9) Von P. Vogel, H. Ebsen, 64 S., ca. 50 s/w-Abb. und Grafiken, kartoniert. ●●

PC HELP!
Mehr Speicher unter DOS nutzen
(4345-7) Von K. O. Kuhl, 64 S., ca. 50 s/w-Abbildungen und Grafiken, kartoniert. ●●

PC HELP!
Viren erkennen und beseitigen
(4346-5) Von M. Hofmann, 64 S., ca. 50 s/w-Abbildungen und Grafiken, kartoniert. ●●

DTP-Lexikon für die Praxis
(4373-4) 136 S., 55 s/w-Fotos, kart. ●●●

Gestalten mit Pagemaker für Windows
(4375-9) Von M. Hofmann, R. Titius, 116 S., 53 zweifbg. screenshots, kartoniert. ●●

Präsentationsprogramme richtig nutzen
(4376-7) Von M. Hofmann, 96 S., 60 zweifarbige screenshots, kartoniert. ●●

Datenaustausch 1
(4378-3) Von M. Hofmann, 104 Seiten, 63 zweifarbig. screenshots, kartoniert. ●●

Datenaustausch 2
(4379-1) Von M. Hofmann, 96 S., 34 zweifarbige screenshots, kartoniert. ●●

Update
MS-DOS 6.0
Beilage: Kurzreferenz
(4385-6) Von M. Hofmann, 136 S., 55 s/w-Fotos, kartoniert. ●●●

PC-Pannen selbst beheben
Hardware · Software
(4383-X) Von M. Hofmann, 144 S., kart. ●●●

Windows für Workgroups
(4381-3) Von P. Vogel, 80 S., 40 Screenshots, kartoniert. ●●

Essen und Trinken

Rezepte für 1 Person
(1294-2) Hrsg. M. Sauerborn, 64 S., 75 Farbfotos, kartoniert. ●

Schnell und individuell
Die raffinierte Single-Küche
(4266-3) Von F. Faist, 160 S., 151 Farbfotos, Pappband. ●●●●

Frischer Fang aus Fluß und Meer
Fisch
(0964-X) Von L. Grieser, 48 S., 52 Farbfotos Pappband. ●●

Fischgerichte
(1448-1) Hrsg.: S. Koch, 64 S., ca. 50 Farbfotos, kartoniert. ●

Zart und edel
Lachs
(1403-1) Von H. Imhof, 64 S., 49 Farbfotos, Pappband. ●●

Geflügelgerichte
(1348-5) Hrsg. E. Meyer zu Stieghorst, 64 S., 71 Farbfotos, kartoniert. ●

Gaumenfreuden Tag für Tag
Pfannengerichte
(1007-7) Von S. Fabke, 64 S., 54 Farbfotos, Pappband. ●●

Köstliches für Genießer
Fleischgerichte
(4699-5) Von F. Stein, 144 S., ca. 100 Farbfotos, gebunden. ●●●

Schnitzel, Steaks & Co.
(1417-1) Von N. Frank, 64 Seiten, 68 Farbfotos, kartoniert. ●

Köstliches aus dem Tontopf
(1332-9) Hrsg. S. Kieslich, 64 Seiten, 55 Farbfotos, kartoniert. ●

Suppen und Eintöpfe
(1449-X) Hrsg.: S. Koch, 64 S., ca. 50 Farbfotos, kartoniert. ●

Aus eigener Küche
Gute Wurst
(0948-8) Von J. Bessel, G. Quaas, 80 Seiten, 8 Farbtafeln, kartoniert. ●

Aus lauter Lust und Liebe
Knoblauch
(0867-8) Von L. Reinirkens, 64 S., 45 Farbfotos, Pappband. ●

Bintje, Irmgard und Sieglinde
Kartoffeln
(1032-X) Von S. Fabke, 64 S., 43 Farb- und 1 s/w-Foto, Pappband. ●

Kartoffelgerichte
(1297-9) Hrsg. I. Feldhaus, 64 S., 64 Farbfotos, kartoniert. ●

Nudelgerichte
(1293-4) Hrsg. E. Fuhrmann, 64 S., 66 Farbfotos, kartoniert. ●

Pasta in Höchstform
Nudeln
(0884-8) Von M. Kirsch, 64 S., 62 Farbfotos, Pappband. ●●

Spezialitäten unter knuspriger Decke
Aufläufe
(0882-1) Von C. Adam, 48 S., 33 Farbfotos, Pappband. ●●

Aufläufe
(1295-0) Hrsg. E. Fuhrmann, 64 S., 62 Farbfotos, kartoniert. ●

Die Krönung der feinen Küche
Saucen
(0817-1) Von G. Cavestri, 48 S., 40 Farbfotos, Pappband. ●●

Gemüsegerichte
(1347-7) Hrsg. E. Fuhrmann, 64 S., 58 Farbfotos, kartoniert. ●

Gemüseaufläufe
(1365-5) Hrsg. E. Fuhrmann, 64 S., 58 Farbfotos, kartoniert. ●

Die schönsten Rezepte für
Frühstück und Brunch
(1063-X) Von K. Kruse-Schorling, 80 Seiten, 8 Farbtafeln, kartoniert. ●

Schnelle Küche
Für 2 Personen
(4718-5) freundin-Kochstudio, 80 Seiten, 105 Farbf., Pappband. ●●

Kochen auf der richtigen Welle im
Grill-Mikrowellengerät
(1395-7) Von T. Peters, 96 S., 79 Farbfotos, kartoniert. ●

Fritieren
(1350-7) Hrsg. I. Teitge, 64 S., 62 Farbf., kart. ●

Schnell auf den Tisch gezaubert
Kochen mit Mikrowellen
(0818-X) Von A. Danner, 64 S., 52 Farbfotos, Pappband. ●

Italienische Vorspeisen **Antipasti**
(1006-0) Von S. Reiter-Westphal, 64 Seiten, 47 Farbfotos, Pappband. ●●

Mexikanische Küche
(1439-2) Von C. Zingerling, 64 S., ca. 50 Farbfotos, kartoniert. ●

Italienische Küche
(1299-3) Hrsg. E. Fuhrmann, 64 S., 65 Farbfotos, kartoniert. ●

Schlemmerreise durch die
Italienische Küche
(4172-1) Von V. Pifferi, 160 S., 109 Farbfotos, Pappband. ●●●●

Spaghetti, Tagliatelle + Co.
Pasta all'Italiana
(**1004**-4) Von I. Seyric, 64 S., 57 Farbfotos, Pappband. ●●

Pizza
(**1352**-3) Hrsg. M. Sauerborn, 64 S., 72 Farbfotos, kartoniert. ●

Tradition mit Charme
Wiener Spezialitäten
(**1343**-4) Von G. Scolik, 64 S., 46 Farbfotos, Pappband. ●●

Schlemmerreise durch die
Französische Küche
(**4296**-5) Von H. Imhof, 160 S., 147 Farbfotos, 3 s/w-Fotos, Pappband. ●●●●

Schlemmerreise durch die
Spanische Küche
(**4500**-X) Von A. Puente, 160 S., ca. 120 Farbfotos, Pappband. ●●●●

Vom Bosporus zum Ararat
Türkische Spezialitäten
(**1191**-1) Von S. Dogan, 64 S., 44 Farbfotos, Pappband. ●●

Indische Küche
(**1404**-X) Von C. Zingerling, 64 S., 64 Farbfotos, kartoniert. ●

Schlemmerreise durch die
Thailändische Küche
(**4722**-3) Von C. Zingerling, 144 Seiten, 164 Farbfotos, Pappband. ●●●●

Köstlich fernöstlich
Asiatische Spezialitäten
(**1286**-1) Von M. Carroll, E. Mognol, 64 S., 49 Farbfotos, Pappband. ●●

Chinesische Küche
(**1289**-6) Hrsg. M. Sauerborn, 64 S., 73 Farbfotos, kartoniert. ●

Schlemmerreise durch die
Chinesische Küche
(**4184**-5) Von K. H. Jen, 160 S., 117 Farbfotos, Pappband. ●●●

Gerichte aus dem
Wok
(**1291**-8) Hrsg. M. Sauerborn, 64 S., 76 Farbfotos, kartoniert. ●

Mit Lust und Liebe **Chinesisch Kochen**
(**4441**-0) Von Ho Fu-Lung, Uli Franz, 176 Seiten, 189 Farbfotos, 29 Zeichnungen, Pappband. ●●●●

Fernöstliche Küche
(**1384**-1) Hrsg. R. Faller, 64 S., 73 Farbfotos, kartoniert. ●

Rezepte für Tisch- und Gartengrill
(**1351**-3) Hrsg. V. Müller, 64 S., 59 Farbfotos, kartoniert. ●

Braten auf dem heißen Stein
(**1300**-0) Hrsg. R. Donhauser, 64 S., 56 Farbfotos, kartoniert. ●

Rezepte rund um Raclette und Doppeldecker
(**0420**-1) Von J.W. Hochscheid, 72 S., 8 Farbtafeln, kartoniert. ●

Schlemmen in geselliger Runde
Fleischfondues
(**0966**-6) Von M. Spötter, 64 S., 62 Farbfotos, Pappband. ●●

Fondues und Raclettes
(**4253**-1) Von F. Faist, 160 S., 125 Farbfotos, Pappband. ●●●●

Fondues
(**1298**-5) Hrsg. E. Meyer zu Stieghorst, 64 S., 69 Farbfotos, kartoniert. ●

Rezepte fürs Raclette
(**1290**-X) Hrsg. S. Kieslich, 64 Seiten, 59 Farbfotos, kartoniert. ●

Raclette-Spezialitäten
(**0881**-3) Von F. Faist, 48 S., 33 Farbfotos, Pappband. ●

Knackige Salate
(**1441**-4) Hrsg.: S. Kieslich, 64 S., ca. 50 Farbfotos, kartoniert. ●

Gartenfrisch genießen
Feine Salate
(**4450**-X) Von P. Nikolay, 160 S., 122 Farbfotos, Pappband. ●●●●

Köstliche Salate
zum Verwöhnen
(**0222**-X) Von Chr. Schönherr, 96 S., 8 Farbtafeln, 30 Zeichnungen, kartoniert. ●

Salate
(**1346**-9) Hrsg. E. Furhmann, 64 S., 62 Farbfotos, kartoniert. ●

Frisch und leicht als Hauptgericht
Schlemmersalate
(**0934**-8) Von C. Adam, 64 S., 49 Farbfotos, Pappband. ●●

Gesund und vielseitig **Alles mit Joghurt**
täglich selbstgemacht, mit vielen Rezepten
(**0382**-6) Von G. Volz, 64 S., 8 Farbtafeln, kartoniert. ●

Marmeladen, Gelees und Kompotte
(**1442**-2) Hrsg.: F. Stein, 64 S., ca. 50 Farbfotos, kartoniert. ●

Gesunde Ernährung für mein Kind
(**0776**-9) Von M. Bustorf-Hirsch, 112 Seiten, 8 Farbtafeln, 5 s/w-Zeichnungen, kartoniert. ●●

Eßschule
Gesunde Ernährung für Kinder im Grundschulalter
(**1314**-0) Von A. Roßmeier, 80 Seiten, 44 Farbfotos, 50 farbige Vignetten, Pappband. ●●

Lieblingsgerichte für Kinder
Mit Sonderteil: Gesunde Kost für Babys ab 6 Monaten
(**4497**-6) Von G. Righi-Spanfellner, 112 S., 27 Farbzeichnungen, Pappband. ●●●

Das essen Kinder gern
(**1405**-7) Hrsg. S. Faust, 64 S., 80 Farbfotos, kartoniert. ●

Mit Lust und Liebe . . .
Vollwertküche für Genießer
(**4412**-4) Von Prof. Dr. C. Leitzmann, H. Million, 256 Seiten, 329 Farbfotos, Pappband. ●●●●

Vegetarisch kochen und genießen
Alle Gerichte für 2 Personen
(**4715**-0) Von Prof. Dr. C. Leitzmann, K. Dittrich, C. u. G. Kurz, 128 S., 132 Farbfotos, Pappband. ●●●●

Das große FALKEN
Vitaminkochbuch
für Genießer
(**4714**-2) Von Prof. Dr. troph. M. Hamm, A. Roßmeier, 208 S., 224 Farbfotos, Pappband. ●●●●

Schmackhafte Vollwertkost ohne tierisches Eiweiß
(**0993**-3) Von M. Bustorf-Hirsch, 96 Seiten, 54 Farbfotos, kartoniert. ●●

Cholesterinarm kochen und genießen
(**4442**-1) Von R. Unsorg, 168 S., 132 Farbfotos, kartoniert. ●

Die aktuelle Cholesterintabelle
(**1088**-5) Von Dr. H. Oberritter, 84 Seiten, 12 zweifarbige Grafiken, kartoniert. ●

Die aktuelle Vitamin- und Mineralstofftabelle
Mit Angaben zu den wichtigsten Vitaminen und Mineralstoffen
(**1110**-5) Von Dr. H. Oberritter, 88 Seiten, 1 zweifarbige Grafik, kartoniert. ●

Die aktuelle E-Zusatzstoff-Tabelle
Über 750 Angaben zu Herkunft, Verwendung und möglichen Nebenwirkungen
(**1233**-0) Von T. Pilgram, E.Dahl, 80 Seiten, zweifarbig, kartoniert. ●

Vollwertküche für Diabetiker
Köstlich kochen und backen für die ganze Familie
(**4473**-9) Von Prof. Dr. C. Leitzmann, Prof. Dr. H. Laube, H. Million, 168 S., 172 Farbfotos, 8 Zeichnungen, Pappband. ●●●●

Kochen und backen für Diabetiker
Gesund und schmackhaft für die ganze Familie
(**4467**-4) Von Dr. med. M. Toeller, W. Schumacher, A. Groote, Dr. troph. A. Klischan, 176 S., 182 Farbfotos, Pappband. ●●●●

Die Sojaküche
Gesund und abwechslungsreich essen
(**0553**-9) Von U. Kolster, 80 S., 8 Farbtafeln, kartoniert. ●

Gesund kochen mit Keimen und Sprossen
(**0794**-9) Von M. Bustorf-Hirsch, 96 S., 4 Farbtafeln, 13 s/w-Zeichnungen, kartoniert. ●

Waffeln
Hörnchen, Pfannkuchen und Crêpes.
(**0522**-9) Von C. Stephan, 64 S., 8 Farbtafeln, kartoniert. ●

Waffeln
(**1296**-9) Hrsg. L. Steiger, 64 S., 73 Farbfotos, kartoniert. ●

Fruchtige Pfannkuchen und Crêpes
(**1446**-5) Von S. Fabke, 64 S., ca. 50 Farbfotos, kartoniert. ●

Mehr Freude und Erfolg beim
Brotbacken
(**4148**-9) Von A. und G. Eckert, 160 Seiten, 177 Farbfotos, Pappband. ●●●

Meine Vollkornbackstube
Brot · Kuchen · Aufläufe. (**0616**-0) Von R. Raffelt, 96 S., 4 Farbtafeln, 12 Zeichnungen, kartoniert. ●

Mit Honig, Nuß und Mandelkern
Weihnachtsplätzchen
(**1287**-X) Von H. Jaacks, 64 S., 48 Farbfotos, Pappband. ●●

Backen ohne Zucker
(**1234**-9) Von H. Erkelenz, 80 S., 8 Farbtafeln, kartoniert. ●

Süße Geheimnisse eiskalt gelüftet
Eis und Sorbets
(**0870**-8) Von H. W. Liebheit, 48 S., 38 Farbfotos, Pappband. ●●

Haltbarmachen in der Öko-Küche
Gesunde Konservierungsmethoden für Obst, Gemüse, Kräuter und Pilze. (**0923**-2) Von M. Bustorf-Hirsch, 120 S., 92 Farbabbildungen, kartoniert. ●●

Komm, koch und back mit mir
Kunterbuntes Kochvergnügen für Kinder.
(**4285**-X) Von S. und H. Theilig, illustriert von B. v. Hayek, 112 S., 45 Farbabbildungen, Pappband. ●●

Lieblingsgerichte für Kinder
Kerngesund und kunterbunt
(**4497**-6) Von G. Righi-Spanfellner, 112 Seiten, 27 Farbzeichnungen, Pappband. ●●●

Lirum, larum, Löffelstiel . . .
Kinder kochen mit Knuddel
(**1094**-X) Von U. Bültjer, 80 S., 27 zweifarbige Zeichnungen, kartoniert. ●

Backe, backe Kuchen . . .
Kinder backen mit Knuddel
(**1301**-9) Von U. Bültjer, 64 S., 34 Farbfotos, 60 Farbzeich., kartoniert. ●

Mit Lust und Liebe
Garnieren und Verzieren
Dekoratives zu vielen Anlässen
(**4496**-8) Von M. Müller, E. Pratsch, H. Krieg, 160 Seiten, ca. 100 Farbfotos, Pappband. ●●●

Mit Lust und Liebe **Kalte Platten & Buffets**
Anrichten und Garnieren
(**4427**-5) Von P. Grotz, 176 S., 228 Farbfotos, Pappband. ●●●●

Köstliches ganz leicht gezaubert
Raffinierte Rezepte rund um den Stabmixer
(**1453**-8) Von R. Kuger, 96 Seiten, 84 Farbfotos, kartoniert. ●●

Garnieren und Verzieren
(**4236**-1) Von R. Biller, 160 S., 329 Farbfotos, 57 Zeichnungen, Pappband. ●●●●
Köstlichkeiten für Gäste und Feste
Kalte Platten
(**4200**-0) Von I. Pfliegner, 160 S., 130 Farbfotos, Pappband. ●●●●

Sandwich, Toasts & Co.
(**1331**-0) Von F. Faist, 64 Seiten, 62 Farbfotos, kartoniert. ●●

Quiches, Tartes
und andere pikante Kuchen
(**1407**-4) Hrsg. I. Teitge, 64 S., 70 Farbf., kart. ●
freundin
Snacks
(**4521**-2) Von V. Müller, 80 S., 87 Farbfotos, Pappband.●●

Kochen und backen mit Käse
(**1451**-4) Hrsg.: F. Stein, 64 S., ca. 50 Farbfotos, kartoniert. ●
Raffiniert kombiniert, schön dekoriert
Käseplatten
(**1192**-X) Von S. Carlsson, 64 S., 57 Farbfotos, Pappband.●●
FALKEN
Festival der schön gedeckten Tische
(**4738**-X) Von A. F. Endress, 204 S., 116 Farbfotos, 83 Farbzeichnungen, Pappbd. ●●●●

Der perfekt gedeckte Tisch
(**1028**-1) Von H. Tapper, 80 S., 161 Farbfotos, 13 Zeichnungen, kartoniert. ●●

Der schön gedeckte Tisch
Vom einfachen Gedeck bis zur Festtafel stimmungsvoll und perfekt arrangiert.
(**4246**-1) Von H. Tapper, 112 S., 206 Farbfotos, 38 s/w-Abbildungen, Pappband. ●●●

Servietten falten
80 Ideen für schön gedeckte Tische
(**1042**-7) Von M. Müller, O. Mikolasek, 80 S., 289 Farbfotos, 50 Zeichnungen, kart. ●●

Phantasievolle Tischdekorationen selber machen
(**0984**-4) Von Y. Thalheim, H. Nadolny, 80 S., 174 Farbfotos, 21 Zeichnungen, kart. ●●

Servietten dekorativ falten
Geschmackvolle Anregungen aus Stoff und Papier. (**0804**-X) Von H. Tapper, 32 Seiten, 134 Farbfotos, Pappband. ●

Weine und Säfte, Liköre und Sekt
selbstgemacht.
(**0702**-7) Von P. Arauner, 232 S., 76 Abb., kartoniert. ●●●

Was Weinfreunde wissen wollen
Fragen und Antworten rund um den Wein
(**1224**-1) Von Prof. Dr. K. Röder, H.-G. Dörr, ca. 224 Seiten, kartoniert. ●●

FALKEN Mixbuch
(**4733**-9) Hrsg. P. Bohrmann, 560 Seiten, 227 Farbfotos, Pappband. ●●●●

Vitamindrinks
(**1408**-2) Von H. Reith, W. Hubert, 64 Seiten, 68 Farbfotos, kartoniert. ●●
Köstlich, cremig, sahnig, frisch
Mixen mit Milch
(**1151**-2) Von S. Carlsson, 64 S., 45 Farbfotos, Pappband.●●

Milchmixgetränke
(**1450**-3) Von S. Carlsson, 64 S., ca. 50 Farbfotos, kartoniert. ●

Cocktails und Drinks
(**1292**-6) Hrsg. S. Kieslich, 64 S., 70 Farbfotos, kartoniert. ●

Bowlen und Punsche
(**1447**-3) Hrsg.: F. Brandl, 64 S., ca. 50 Farbfotos, kartoniert. ●

Fruchtig, spritzig, eisgekühlt
Mixen ohne Alkohol
(**0935**-6) Von S. Späth, 64 S., 44 Farbfotos, Pappband. ●●

Longdrinks
(**1345**-0) Hrsg. E. Meyer zu Stieghorst, 64 S., 79 Farbfotos, kartoniert. ●

Light Drinks
Mixen mit und ohne Alkohol
(**1222**-5) Von S. Edelberg, Heike Reith, 64 S., 48 Farbfotos, Pappband. ●●

Cocktails
(**4267**-1) Von W. R. Hoffmann, W. Hubert, U. Lottring, 160 S., 164 Farbfotos, 1 s/w-Foto, Pappband. ●●●●

Cocktails und Mixereien
für häusliche Feste und Feiern. (**0075**-8)
Von J. Walker, 96 S., 4 Farbtafeln, kartoniert. ●

Das Fitmacher-Kochbuch
(**4698**-7) Von Prof. Dr. troph. M. Hamm, 112 S., ca. 100 Farbfotos, gebunden. ●●●

Schlank und gesund nach Dr. Hay
Schnelle Trennkostküche
(**4746**-0) Von H. Harper, 80 S., ca. 80 Farbfotos, kartoniert. ●●

Schlank werden nach Dr. Hay **Trennkost**
Die bewährten Vollwert-Rezepte von Ursula Summ. (**4298**-1) Von U. Summ, 96 Seiten, 54 Farbfotos, 1 Zeichnung, kartoniert. ●●

Das große Buch der Trennkost
Neue Rezepte von Ursula Summ
(**4498**-4) Von U. Summ, 144 S., ca. 100 Farbfotos, Pappband. ●●●

Gesund leben nach Dr. Hay
Cholesterinarme Trennkost
Neue Vollwert-Rezepte von Ursula Summ
(**4475**-5) Von U. Summ, 96 Seiten, 52 Farbfotos, kartoniert. ●●

Die neue Trennkost
(**4685**-X) Von U. Summ, 96 Seiten, 71 Farbfotos, kartoniert. ●●

Das kleine 1 x 1 der Trennkost
(**1428**-7) Von S. Carlsson, 64 S., ca. 50 Farbfotos, kartoniert. ●

Schlank nach Maß
mit der Diät-Computerwaage
(**1064**-8) Von K. Alisch, 104 S., 8 Farbtafeln, kartoniert. ●

Gesundes Essen für Berufstätige
Die 4-Wochen-Vollwertkur (**1065**-6) Von M. Weber, ca. 80 S., 8 Farbtafeln, kart. ●

Garten

FALKEN Gartenjahr
(**4730**-4) Von K. Greiner, A. Weber, P. Michaeli-Achmühle, 320 Seiten, 380 Farbabbildungen, Pappband. ●●●●

Garten heute
Der moderne Ratgeber · Über 1000 Farbbilder. (**4283**-3) Von H. Jantra, 384 S., über 1000 Farbabbildungen, Pappband. ●●●●

Helmut Jantras Gartenbuch
Obst · Gemüse · Blumen
(**4522**-0) Von H. Jantra, 200 S., 395 Farbfotos, 123 Farbzeichnungen, 25 Tabellen, Pappband.●

1000 ganz bewährte Garten-Tips
(**4453**-4) Von H. Jantra, 320 S., 288 zweifbg. und 62 s/w-Zeichn., , Pappband. ●●●
Obst, Gemüse, Blumen, Gras
Gärtnern macht den Kindern Spaß
(**4517**-4) Von U. Krüger, 96 S., 85 Farbfotos, 180 Farbzeichnungen, Pappband. ●●●

Rosen
(**4692**-8) Von H. Steinhauer, ca. 144 S., zahlr. Farbabbildungen Pappband. ●●●●●

Rosen
Auswahl · Pflege · Gestaltung
(**1183**-0) Von H. Jantra, 120 S., 200 Farbfotos, 20 Farbzeichnungen, 8 Bepflanzungspläne, kartoniert. ●●

Bunte Pracht der Stauden
Auswahl · Pflege · Gestaltung
(**1376**-0) Von H. Jantra, 112 S., 167 Farbabbildungen, kartoniert. ●●

Erfolgstips für den Obstgarten
Gesunde Früchte durch richtige Sortenwahl und Pflege
(**0827**-9) Von F. Mühl, 184 S., 16 Farbtafeln, kartoniert. ●●

Erfolgstips für den Gemüsegarten
Mit naturgemäßem Anbau zu höherem Ertrag. (**0674**-8) Von F. Mühl, 80 Seiten, 30 s/w-Fotos, 4 Zeichnungen, kartoniert. ●●

Obstgehölze sachgemäß schneiden
(**1127**-X) Von P. G. Wilhelm, 136 Seiten, 8 s/w-Abb., 367 Zeichnungen, kart.●●

Kompost im Hausgarten
herstellen und anwenden
(**1258**-6) Von H. Abels, J. Jöstingmeier, ca. 30 zweifarbige Zeichnungen, kart. ●

Der naturgemäße Zier- und Wohngarten
Anlegen · Gestalten · Pflegen
(**0748**-5) Von I. Gabriel, 128 S., 72 Farbfotos, 46 Farbzeichnungen, kartoniert. ●●

Natürlich gärtnern unter Glas und Folie
Anbauen und ernten rund ums Jahr
(**0722**-1) Von I. Gabriel, 128 S., 62 Farbfotos, 45 Farbzeichnungen, kartoniert. ●●

Nützliche Tiere im Garten
(**1472**-4) Von I. Polaschek, ca. 112 Seiten, ca. 120 Farbf., ca. 10 Farbzeichn., kartoniert. ●●

Schneckenbekämpfung
giftfrei und naturgemäß
(**1378**-7) Von B. Meyer, Y. Thalheim, 64 S., 25 s/w-Zeichnungen, 8 Farbtafeln, kart. ●●

Dekorative Kübelpflanzen
Auswahl und Pflege
(**1074**-5) Von H. Jantra, 112 S., 180 Farbfotos, 35 Farbzeichnungen, kartoniert. ●

Blütenpracht auf Balkon und Terrasse
(**0928**-3) Von M. Haberer, 88 S., 139 Farbfotos, kartoniert. ●●

Moderne Gartengestaltung
(**1255**-1) Von K. Greiner, A. Weber, 128 S., mit Rasterbogen und Planelementen zum Ausschneiden, ca. 120 Farbfotos, ca. 20 vierfarbige Pläne, kartoniert. ●●●

Gestaltungsideen für
Schöne Gärten
(**4482**-8) Von H. Jantra, 168 S., 309 Farbfotos, 3 s/w-Fotos, , Pappband. ●●●●●

Der pflegeleichte Hausgarten
(**1170**-9) Von H. Jantra, 112 S., vierfarbige Abbildungen, kartoniert. ●●

Schöne Kräutergärten
(**1256**-X) Von H. Jantra, 112 S., vierfarbige Abbildungen, kartoniert. ●●

Kleingärten
Planen · Anlegen · Pflegen
(**1015**-X) Von H. Jantra, 88 S., 123 Farbfotos, 1 s/w-Foto, 14 Farbzeichnungen, , kart. ●●

Reihenhausgärten
Planen · Anlegen · Pflegen
(**1016**-8) Von H. Jantra, 104 S., 134 Farbfotos, 45 Farbzeichnungen, kartoniert. ●●

Kletterpflanzen
Mit Sonderteil Dachbegrünung
(**4546**-8) Von U. Mehl, K. Werk, 128 S., ca. 150 Farbfotos, farbige und s/w-Zeichnungen, Pappband. ●●●●●

Steingärten Wirkungsvoll gestalten und sachgerecht pflegen
(**4452**-6) Von A. Throll-Keller, 128 Seiten, 203 Farbfotos, 56 Farbzeichnungen, Pappband. ●●●●

Gartenteiche, Tümpel und Weiher
naturnah anlegen und pflegen
(**1073**-7) Von Dr. F. Liedl, H. Goos, 80 Seiten, 87 Farbfotos, 39 Farbzeichnungen, kart. ●●

Wasser im Garten
Von der Vogeltränke zum Naturteich · Natürliche Lebensräume selbst gestalten.
(**4230**-2) Von H. Hendel, P. Keßeler, 240 S., 315 Farbabb., 11 s/w-Fotos, Pappband. ●●●●●

Pflanzen und Tiere für den Gartenteich
(**1171**-7) Von W. Costa, 128 S., 169 Farbfotos, 40 Farbzeichnungen, 8 Bepflanzungspläne, kartoniert. ●●

Gestaltungsideen für den Wohngarten
Sitzplätze, Terrassen, Höfe und andere grüne Räume
(**4751**-7) Von H. Jantra, ca. 120 Seiten, ca. 100 Farbfotos und -zeichnungen, gebunden. ●●●●

Wintergärten
Das Erlebnis, mit der Natur zu wohnen. Planen, Bauen und Gestalten.
(**4256**-6) Von LOG ID, 136 S., 130 Farbfotos, 107 Zeichnungen, Pappband. ●●●●●

Rund ums Jahr erfolgreich gärtnern
Gewächshäuser
planen · bauen · einrichten · nutzen
(**4408**-9) Von Dr. G. Schoser, J. Wolff, 232 S., 368 Farbabb., 5 s/w-Fotos, Pappbd. ●●●●●

Das moderne Handbuch **Zimmerpflanzen**
(**4416**-X) Von H. Jantra, 304 S., 766 Farbfotos, 64 Farb- und 19 s/w-Zeichnungen, Pappband. ●●●●

365 Erfolgstips für schöne Zimmerpflanzen
(**0893**-7) Von H. Jantra, 144 S., 215 Farbfotos, kartoniert. ●●

Dekorative Blattpflanzen
Auswahl und Pflege
(**1128**-8) Von H. Jantra, 128 S., 198 Farbfotos, 20 Farbzeichnungen, kartoniert. ●●

Arbeitskalender für Zimmergärtner
(**1473**-2) Von H. Jantra, 112 Seiten, ca. 120 Farbfotos, kartoniert. ●●

Prof. Stelzers grüne Sprechstunde
Gesunde Zimmerpflanzen
Krankheiten erkennen und behandeln. Mit neuem Diagnosesystem.
(**4274**-4) Von Prof. Dr. G. Stelzer, 192 Seiten, 410 Farbfotos, 10 s/w-Zeichnungen, Pappband. ●●●●

Hydrokultur
Pflanzen ohne Erde – mühelos gepflegt.
(**0944**-5) Von H.-A. Rotter, 144 S., 167 Farbfotos, 13 Farbzeichnungen, kartoniert. ●●

Gesunde Pflanzen in
Hydrokultur
(**1257**-8) Von H.-A. Rotter, 80 Seiten, ca. 60 s/w-Zeichnungen, 8 Farbtafeln, kartoniert. ●

Bonsai
Japanische Miniaturbäume und Miniaturlandschaften. Anzucht, Gestaltung und Pflege.
(**4091**-1) Von B. Lesniewicz, 160 S., 106 Farbfotos, 46 s/w-Fotos, 115 Zeichnungen, gebunden. ●●●●●

Kakteen
Auswahl · Pflege · Vermehrung
(**1429**-5) Von G. Andersohn, ca. 120 S., zahlr. Farbabbildungen, kartoniert. ●●●

Tiere

Grzimek Juniors **BUNTE TIERWELT**
(**4295**-7) Von Chr. Grzimek, 208 S., 308 Farbfotos, Pappband. ●●●●

Hunde
Rassen · Ausbildung · Pflege · Zucht
(**4118**-7) Von H. Bielfeld, 192 S., 222 Farbund 73 s/w-Abb., Pappband. ●●●●

Das neue Hundebuch
Rassen · Aufzucht · Pflege (**0009**-X) Von W. Busack, überarbeitet von Dr. med. vet. A. H. Hacker und H. Bielfeld, 112 S., 8 Farbtafeln, 27 s/w-Fotos, 6 Zeichnungen, kartoniert. ●●

Alles über Dackel, Teckel und Dachshunde
(**1079**-6) Von M. Wein-Gysae, 80 Seiten, 46 Farbfotos, 2 zweifarbige Zeichnungen, kartoniert. ●●

Hundeausbildung
Verhalten · Gehorsam · Ausbildung
(**0346**-3) Von R. Menzel, 88 S., 26 Fotos, kartoniert. ●

Grundausbildung für Gebrauchshunde
Schäferhund, Boxer, Rottweiler, Dobermann, Riesenschnauzer, Airedaleterrier, Hovawart und Bouvier.
(**0801**-5) Von M. Schmidt und W. Koch. 104 S., 8 Farbtafeln, 51 s/w-Fotos, 5 s/w-Zeichnungen, kartoniert. ●●

Der Hund in der Familie
(**1014**-7) Von J. Werner, 128 S., 106 Farbfotos, kartoniert. ●●

Der Deutsche Schäferhund
(**1091**-5) Von U. Förster, 112 S., 47 Farbzeichnungen, 2 s/w-Fotos, kartoniert. ●●

Der Deutsche Schäferhund
Aufzucht · Pflege und Ausbildung
(**0073**-1) Von A. Hacker, 104 S., 56 Abb., kart. ●

Alles über junge Hunde
(**0863**-5) Von Dr. med. vet. E. M. Bartenschlager, 64 S., 49 Farbfotos, 6 Zeichnungen, kartoniert. ●●

Richtige Hundeernährung
(**0811**-2) Von Dr. med. vet. E. M. Bartenschlager, 80 S., 51 Farbf., 4 Farbzeichn., kart. ●●

Hundekrankheiten
(**1077**-X) Von Dr. med. vet. R. Spangenberg, 96 S., 44 Farb- und 1 s/w-Foto, 22 Farbzeichnungen, kartoniert. ●●

Von Ajax bis Zamperl
Die beliebtesten Hunde-Namen
(**1174**-1) Von H.-J. Schließke, 96 Seiten, kart. ●

Die Katze in der Familie
(**1076**-1) Von U. Birr, 136 S., 112 Farbf., kart. ●●

Katzen
Rassen · Verhalten · Pflege · Zucht
(**4158**-6) Von B. Gerber, 176 S., 294 Farb- und 88 s/w-Fotos, Pappband. ●●●●

Das neue Katzenbuch
Rassen · Aufzucht · Pflege.
(**0427**-3) Von B. Eilert-Overbeck, 120 Seiten, 14 Farbfotos, 26 s/w-Fotos, kartoniert. ●●

Katzenkrankheiten
erkennen und behandeln
(**1078**-8) Von Dr. med. vet. R. Spangenberg, 104 S., 40 Farbfotos und 11 Farbzeichnungen, kartoniert. ●●

Junge Katzen
(**0862**-7) Von Dr. med. vet. E. M. Bartenschlager, 72 S., 40 Farbfotos, 4 Zeichnungen, kartoniert. ●●

Pferde
(**4186**-7) Von H. Werner, 176 S., 196 Farbund 50 s/w-Fotos, 100 Zeichnungen, Pappband. ●●●●

Reiten auf Gangpferden
Isländer, Pasos, Saddlehorses und andere Freizeitpferde
(**4716**-9) Von Dr. med. vet. H. Jung, ca. 112 S., zahlreiche Abbildungen, kartoniert. ●●●

Reiten im Bild
(**0415**-X) Von H. Werner, 128 S., 142 Farbfoyos, 107 Farbzeichnungen, kartoniert. ●●

Der Hobby-Imker
(**0978**-X) Von Dr. R. F. A. Moritz, 144 S., 106 zweifarbige Zeichnungen, kart. ●●

Geflügelhaltung als Hobby
(**0749**-3) Von M. Baumeister, H. Meyer, 184 S., 8 Farbtafeln, 47 s/w-Fotos, 15 zweifarbige Zeichnungen, kartoniert. ●●●

Sittiche und kleine Papageien
(**0864**-3) Von Dr. med. vet. E. M. Bartenschlager, 88 S., 84 Farbfotos, 9 Zeichnungen, kartoniert. ●●

Alles über Großsittiche
(**1320**-5) Von H. Bielfeld, 88 S., 88 Farbfotos, 3 Farbzeichnungen, kartoniert. ●●

Alles über Wellensittiche
(**1129**-6) Von H. Bielfeld, 64 S., 53 Farbfotos, 3 Zeichnungen, kartoniert. ●●

Alles über Kanarienvögel
(**0901**-1) Von H. Schnoor, 64 S., 58 Farbfotos und Zeichnungen, kartoniert. ●●

Nymphensittiche
Auswahl · Haltung · Pflege
(**1474**-0) Von F. Moll, ca. 64 Seiten, durchgehend vierfarbig, kartoniert. ●●

Beos
Haltung · Pflege · Zucht
(**1475**-9) Von M. Wagner, ca. 64 Seiten, durchgehend vierfarbig, kartoniert. ●●

Elternlose Jungvögel
Erste Hilfe · Aufzucht · Auswilderung
(**1319**-1) Von I. Polaschek, 80 S., 80 Farbfotos, 5 Farbzeichnungen, kartoniert. ●●

Diskusfische
Arten · Haltung · Pflege
(**1432**-5) Von H. Hirsch, 64 Seiten, 43 Farbfotos, kartoniert. ●●

Die Tiersprechstunde
Gesunde Fische im Süßwasseraquarium
(**1013**-9) Von H. J. Mayland, 96 S., 73 Farbfotos, 10 Zeichnungen, kartoniert. ●●

Alles über Zwerg- und Goldhamster
(**1012**-5) Von M. Mettler, 96 S., 96 Farbfotos, kartoniert. ●●

Alles über Chinchillas und Degus
(**1130**-X) Von M. Mettler, 96 S., 88 Farbfotos, 3 Zeichnungen, kartoniert. ●●

Alles über Meerschweinchen
(**0809**-0) Von Dr. med. vet. E. M. Bartenschlager, 72 S., 43 Farbfotos, 11 Farbzeichnungen, kartoniert. ●●

Alles über Zwergkaninchen
(**1075**-3) Von M. Mettler,. 64 S., 52 Farbfotos, kartoniert. ●●

Alles über Rennmäuse
(**1318**-3) Von M. Mettler, 80 S., 74 Vignetten, kartoniert. ●●

Sport und Fitneß

Neue Lehrmethoden der Judo-Praxis
(**0424**-9) Von P. Herrmann, 223 S., 475 Abb., kartoniert. ●●

Judo perfekt 1
(**1249**-7) Von K. Fuchs, 128 S., kartoniert. ●●

Judo perfekt 2
Wettkampftechniken im Stand
(**1461**-9) Von K. Fuchs, ca. 144 Seiten, kartoniert. ●●

Fußwürfe
für Judo, Karate und Selbstverteidigung.
(**0439**-7) Von H. Nishioka, übers. von H. J. Heese, 96 S., 260 Abb., kartoniert. ●●

Karate 1
zur Selbstverteidigung
(**1312**-4) Von M. Nakayama, 96 Seiten, 315 s/w-Fotos, 5 Zeichn., kartoniert. ●●

Karate 2
zur Selbstverteidigung
(**1362**-0) Von M. Nakayama, 96 Seiten, 245 s/w-Fotos, kartoniert. ●●

Nakayamas Karate perfekt 1
Einführung.
(**0487**-7) Von M. Nakayama, 136 Seiten, 605 s/w-Fotos, kartoniert. ●●

Nakayamas Karate perfekt 2
Grundtechniken.
(**0512**-1) Von M. Nakayama, 136 Seiten, 354 s/w-Fotos, 53 Zeichnungen, kart. ●●

Nakayamas Karate perfekt 3
Kumite 1: Kampfübungen.
(**0538**-5) Von M. Nakayama, 128 Seiten, 424 s/w-Fotos, kartoniert. ●●

Nakayamas Karate perfekt 4
Kumite 2: Kampfübungen.
(**0547**-4) Von M. Nakayama, 128 Seiten, 394 s/w-Fotos, kartoniert. ●●

Nakayamas Karate perfekt 5
Kata 1: Heian, Tekki.
(**0571**-7) Von M. Nakayama, 144 Seiten, 1229 s/w-Fotos, kartoniert. ●●

Nakayamas Karate perfekt 6
Kata 2: Bassai-Dai, Kanku-Dai.
(**0600**-4) Von M. Nakayama, 144 Seiten, 1300 s/w-Fotos, 107 Zeichnungen, kart. ●●

Nakayamas Karate perfekt 7
Kata 3: Jitte, Hangetsu, Empi.
(**0618**-7) Von M. Nakayama, 144 Seiten, 1988 s/w-Fotos, 105 Zeichnungen, kart. ●●

Nakayamas Karate perfekt 8
Gankaku, Jion.
(**0650**-0) Von M. Nakayama, 144 Seiten, 1174 s/w-Fotos, 99 Zeichnungen, kart. ●●

Karate
(**2308**-1) Von A. Pflüger, 96 S., 134 Farbfotos, 4 s/w-Zeichnungen, kartoniert. ●●

Bo-Karate
Hanbo-Jitsu – die Techniken des Stockkampfes.
(**0447**-8) Von G. Stiebler, 176 S., 424 s/w-Fotos, 38 Zeichnungen, kartoniert. ●●

Karate 1
Einführung · Grundtechniken.
(**0227**-0) Von A. Pflüger, 144 S., 195 s/w-Fotos, 120 Zeichnungen, kartoniert. ●

Karate 2
Kombinationstechniken · Katas.
(**0239**-4) Von A. Pflüger, 176 S., 452 s/w-Fotos und Zeichnungen, kartoniert. ●●

Karate Kata 1
Heian 1–5, Tekki 1, Bassai-Dai.
(**0683**-7) Von W.-D. Wichmann, 164 Seiten, 703 s/w-Fotos, kartoniert. ●●

Karate Kata 2
Jion, Empi, Kanku-Dai, Hangetsu.
(**0723**-X) Von W.-D. Wichmann, 140 Seiten, 661 s/w-Fotos, 4 Zeichnungen, kart. ●●

Karate Kata 3
Bassai Sho, Kanku Sho, Nijushiho, Sochin.
(**1120**-2) Von W.-D. Wichmann, 144 Seiten, 598 s/w-Fotos, 4 Grafiken, kart. ●●

Dragon – der Drache
Die Bruce-Lee-Story
(**1415**-5) Von L. Lee, 192 S., 257 s/w-Fotos, kartoniert. ●●●

Bruce Lees Kampfstil 1
Grundtechniken
(**0473**-7) Von B. Lee, M. Uyehara, 109 Seiten, 220 Abbildungen, kartoniert. ●

Bruce Lees Kampfstil 2
Selbstverteidigungs-Techniken
(**0486**-9) Von B. Lee, M. Uyehara, 128 Seiten, 310 Abb., kartoniert. ●

Bruce Lees Kampfstil 3
Trainingslehre
(**0503**-2) Von B. Lee, M. Uyehara, 112 Seiten, 246 Abbildungen, kartoniert. ●

Bruce Lees Kampfstil 4
Kampftechniken
(**0532**-7) Von B. Lee, M. Uyehara, 104 Seiten, 211 Abbildungen, kartoniert. ●

Bruce Lee Kung-Fu
zur Selbstverteidigung
(**1399**-X) Von B. Lee, 104 Seiten, 120 s/w-Abbildungen, kartoniert. ●●

Chuck Norris
Meine Karatetechnik
Erfolgreich in Angriff und Abwehr
(**1460**-0) Von C. Norris, 128 Seiten, kartoniert. ●

Shaolin Kung-Fu 1
Grundlagen chinesischer Kampfkunst
(**1363**-9) Von C. D. Yao, R. Fassi, 124 Seiten, 207 s/w-Fotos, 30 s/w-Zeichn., kart. ●●●

Shaolin Kung-Fu 2
Kampftechniken für Angriff und Abwehr
(**1416**-3) Von C. D. Yao, R. Fassi, 144 Seiten, 581 s/w-Abb., kartoniert. ●●

Kung-Fu 1
Legende · Philosophie · Grundtechniken
(**0891**-0) Von Chr. Yim, 152 S., 401 s/w-Fotos, 2 s/w-Zeichnungen, kartoniert. ●●

Kung-Fu und Thai-Chi
Grundlagen und Bewegungsabläufe
(**0367**-0) Von B. Tegner, 182 Seiten, 370 s/w-Fotos, kartoniert. ●●

Kung Fu
Theorie und Praxis klassischer und moderner Stile
(**0376**-5) Von M. Pabst, 160 Seiten, 330 Abbildungen, kartoniert. ●●

Bruce Lees Jeet Kune Do
(**0440**-0) Von B. Lee, 192 S., mit 105 eigenhändigen Zeichnungen von B. Lee, kartoniert. ●●●

Shaolin-Kempo – Kung-Fu
Chinesisches Karate im Drachenstil.
(**0395**-1) Von R. Czerni, K. Konrad, 246 S., 723 Abbildungen, kartoniert. ●●

Kickboxen
Fitneßtraining und Wettkampfsport.
(**0795**-7) Von G. Lemmens, 96 S., 208 s/w-Fotos, 23 Zeichnungen, kartoniert. ●●

Ninja 1
Die Lehre der Schattenkämpfer.
(**0758**-2) Von S. K. Hayes, übers. von J. Schmit, 144 Seiten, 137 s/w-Fotos, kartoniert. ●●

Ninja 2
Die Wege zum Shoshin.
(**0763**-9) Von S. K. Hayes, übers. von J. Schmit, 160 Seiten, 309 s/w-Fotos, 2 Zeichnungen, kartoniert. ●●

Ninja 3
Der Pfad des Togakure-Kämpfers.
(**0764**-7) Von S. K. Hayes, übers. von J. Schmit, 144 Seiten, 197 s/w-Fotos, 2 Zeichnungen, kartoniert. ●●

Ninja 4
Das Vermächtnis der Schattenkämpfer.
(**0807**-4) Von S. K. Hayes, übers. von J. Schmit, 196 Seiten, 466 s/w-Fotos, kartoniert. ●●

Taekwondo perfekt 1
Die Formenschule bis zum Blaugurt.
(**0890**-2) Von K. Gil, Kim Chul-Hwan, 176 Seiten, 439 s/w-Fotos, 107 Zeichnungen, kartoniert. ●

Taekwondo perfekt 2
Die Formenschule vom Blau- bis zum Schwarzgurt.
(**0976**-3) Von K. Gil, K. Chul-Hwan, 192 Seiten, 461 s/w-Fotos, 112 Zeichnungen, kartoniert. ●●

Taekwondo perfekt 3
(**1068**-0) Von K. Gil, K. Chul-Hwan, 200 S., 429 s/w-Fotos, kartoniert. ●●●

Taekwondo perfekt 4
(**1250**-0) Von K. Gil, 160 S., zahlr. s/w-Fotos und Schrittdiagramme, 17 Übungstafeln zum Herausnehmen, kart. ●●●

Ju-Jutsu 1
Grundtechniken · Moderne Selbstverteidigung.
(**0276**-9) Von W. Heim, F. J. Gresch, 164 S., 450 s/w-Fotos, 8 Zeichn., kartoniert. ●●

Ju-Jutsu 2
für Fortgeschrittene und Meister.
(**0378**-1) Von W. Heim, F. J. Gresch, 160 S., 798 s/w-Fotos, kartoniert. ●●

Ju-Jutsu 3
Spezial-, Gegen- und Weiterführungs-Techniken · Stockkampfkunst.
(**0485**-0) Von W. Heim, F. J. Gresch, 200 S., über 600 s/w-Fotos, kartoniert. ●●

Aikido
Lehren und Techniken des harmonischen Weges.
(**0537**-7) Von R. Brand, 280 Seiten, 697 Abbildungen, kartoniert. ●●

Hap Ki Do
Koreanische Selbstverteidigung nach dem Lehrsystem des Großmeisters.
(**0379**-X) Von Kim Sou Bong, 112 Seiten, 152 Abbildungen, kartoniert. ●●

Dynamische Tritte
Grundlagen für den Zweikampf.
(**0438**-9) Von C. Lee, 96 S., 398 s/w-Fotos, 10 Zeichnungen, kartoniert. ●●

Super-Tritte
(**1248**-9) Von W. Wallace, 136 S., kart. ●●

Selbstverteidigung
Abwehrtechniken für Sie und Ihn.
(**0853**-8) Von E. Deser, 96 S., 259 s/w-Fotos, kartoniert. ●

Die Faszination athletischer Körper
Bodybuilding
mit Weltmeister Ralf Möller.
(**4281**-5) Von R. Möller, 128 Seiten, 169 Farbfotos, 14 s/w-Fotos, 1 Farbzeichnung, Pappband. ●●●●

Ladyfitneß
Das neue Körperbewußtsein der Frau
Bodyshaping · Körperpflege · Ernährung · Entspannung
(**4433**-X) Von Prof. Dr. S. Starischka, B. Grabis, D. von Cramm, G. W. Kienitz, 128 S., 227 Farbfotos, Pappband. ●●●●

Bodybuilding für Frauen
Wege zu Ihrer Idealfigur
(**0661**-6) Von H. Schulz, 112 S., 84 s/w-Fotos, 4 Zeichnungen, kartoniert. ●

Bodybuilding
Anleitung zum Muskel- und Konditionstraining für sie und ihn
(**0604**-7) Von R. Smolana, 160 S., 171 s/w-Fotos, kartoniert. ●●

Bodybuilding
(**2314**-6) Von L. Spitz, 112 S., 203 Farbabbildungen, 10 Tabellen. ●●

Leistungsfähiger durch Krafttraining
Eine Anleitung für Fitness-Sportler, Trainer und Athleten.
(**0617**-9) Von W. Kieser, 96 S., 20 s/w-Fotos, 62 Zeichnungen, kartoniert. ●

Krafttraining
Wirbelsäulengerechte Übungen an und mit Geräten
(**1309**-4) Von A. Balk, 48 S., 8 Bildtafeln, Spiralbindung. ●●●

Muskeltraining mit Hanteln
Leistungssteigerung für Sport und Fitneß
(**0676**-4) Von H. Schulz, 104 S., 92 s/w-Fotos, 2 Zeichnungen, kartoniert. ●

Ausdauertraining
Einführung und Grundtechniken
(**1396**-5) Von G. Eyting, 32 S., 41 Farbfotos, 21 Farbzeichn., kartoniert. ●●●

Hanteltraining zu Hause
(0800-7) Von W. Kieser, 80 S., 71 s/w-Fotos, 4 Zeichnungen, kartoniert. ●

Optimale Ernährung
für Krafttraining und Bodybuilding.
(0912-7) Von B. Dahmen, 88 S., 8 Farbtafeln, 8 Zeichnungen, kartoniert. ●●

Aufwärmen
Übungen und Programme für Sport und Spiel
(1311-6) Von Dr. H. Wolff, 40 S., 8 Bildtafeln, Spiralbindung. ●●●

Fitneßtraining
Empfohlen vom Deutschen Sportbund
(1245-4) Von Marianne Schreiber, 32 Seiten, Spiralbindung mit Ausklapptafeln. ●●

Wirbelsäulengymnastik
Empfohlen vom Deutschen Sportbund
(1246-2) Von L. Keller, 40 Seiten, Spiralbindung mit Ausklapptafeln. ●●●

Aerobics
Low Impact, High-Impact, Step-Aerobic
(1421-X) Von M. Freytag-Baumgartner, 44 S., 3 Farbtafeln, 84 Farbfotos, 16 s/w-Fotos, Spiralbindung, kartoniert. ●●●

Stretching
Empfohlen vom Deutschen Sportbund
(1247-0) Von A. Balk, 40 Seiten, Spiralbindung mit Ausklapptafeln. ●●

Isometrisches Training
Übungen für Muskelkraft und Entspannung.
(0529-6) Von L. M. Kirsch, 104 S., 150 s/w-Fotos, kartoniert. ●●

Stretching
Mit Dehnungsgymnastik zu Entspannung, Geschmeidigkeit und Wohlbefinden.
(0717-5) Von H. Schulz, 80 S., 90 s/w-Fotos, kartoniert. ●

Stretching
(2304-9) Von B. Kurz, 96 S., 255 Farbfotos, kartoniert. ●●

Gesund und fit durch Gymnastik
(0366-8) Von H. Pilss-Samek, 88 Seiten, 130 Abbildungen, kartoniert. ●

Funktionelles Körpertraining
Grundlagen und Bewegungsprogramme
(1367-1) Von A. Balk, 40 S., 100 Farbfotos, kartoniert. ●●●

Spielerisch zur Kondition
Über 100 Trainingsspiele zur Verbesserung von Ausdauer, Schnelligkeit, Kraft und Beweglichkeit
(1214-X) Von U. Stumpp, 120 S., 30 Grafiken, kartoniert. ●●●

AOK-Videothek
Top-Form Gymnastik
Ein Bewegungsprogramm für pfundige Leute
(6144-7) VHS, ca. 30 Minuten, in Farbe. ●●●●●*

Fit und frisch
Gymnastik für die ganze Familie
(6501-9) Von G. Sieber, 104 S., 306 Farbfotos, 5 Farbzeichnungen, kart., mit Audiokassette, Laufzeit 30 Min. ●●●

Sportjahr 93
Rekorde · Siege · Schicksale · Ergebnisse
Mit Sonderteil Leichtathletik-WM
(4690-1) 176 Seiten, 373 Farbfotos, Pappband. ●●●●

Freeclimbing
Technik und Training
(1251-9) Von T. Strobl, 144 Seiten, durchgehend vierfarbig, kartoniert. ●●●

Fechten
Florett · Degen · Säbel.
(0449-4) Von E. Beck, 88 Seiten, 185 Fotos, 10 Zeichnungen, kartoniert. ●●

SportRegeln Volleyball
(1368-X) 88 S., 5 Farbtafeln, 19 s/w-Fotos, kartoniert. ●●

Fußball
(2309-X) Von H. Obermann, P. Walz, 112 Seiten, 47 Farbfotos, 18 Farb- und 25 s/w-Zeichnungen, kartoniert. ●●

Sepp Maier
Super-Torwart-Training
(4451-8) Von S. Maier, 168 S., 30 Farb- und 34 s/w-Fotos, 236 zweifarbige Zeichnungen, Pappband. ●●●●

Fußballtraining für Kinder und Jugendliche
Spiel- und Übungsformen zu Technik und Taktik
(1463-5) Von S. Asmus u. a., ca. 128 Seiten, durchgehend vierfarbig, kartoniert. ●●

SportRegeln American Football
(1165-2) 136 S., 18 s/w-Fotos, kartoniert. ●

Streetball
Technik · Taktik · Spiel
(1465-1) Von J. Bezler und T. Paganetti, ca. 80 Seiten, durchgehend vierfarbig, kartoniert. ●●

Handball
Technik · Taktik · Regeln.
(0426-5) Von F. und P. Hattig, 128 Seiten, 91 s/w-Fotos, 121 Zeichnungen, kart. ●●

Handball
Grundlagen für Training und Spiel
(2321-9) Von H.-P. Oppermann, 120 Seiten, 39 Farbfotos, 12 s/w-Fotos, 108 Farbzeichnungen, kartoniert. ●●

SportRegeln Handball
Die offiziellen Regeln
Wissenswertes von A bis Z
(1099-6) 88 Seiten, 32 s/w-Fotos, 14 Zeichnungen, kartoniert. ●

SportRegeln Rugby
Die offiziellen Regeln
Wissenswertes von A bis Z
(1216-0) 96 Seiten, zahlreiche zweifarbige Abbildungen, kartoniert. ●

Tennis
Technik · Taktik · Regeln.
(0375-7) Von W. u. S. Taferner, 112 Seiten, 81 Abbildungen, kartoniert. ●

SportRegeln Tennis
Die offiziellen Regeln
Wissenswertes von A bis Z
(1097-4) 88 S., 24 s/w-Fotos, 6 Zeichnungen, kartoniert. ●

Tischtennis-Technik
Der individuelle Weg zu erfolgreichem Spiel.
(0775-2) Von M. Perger, 144 Seiten, 296 Abbildungen, kartoniert. ●●

SportRegeln Tischtennis
Die offiziellen Regeln
Wissenswertes von A bis Z (1252-7) 96 S., zahlreiche zweifarbige Abb., kart. ●

Badminton
Technik · Taktik · Training.
(0699-3) Von K. Fuchs, L. Sologub, 168 S., 51 Abbildungen, kartoniert. ●●

SportRegeln Badminton
(1101-6) 84 S., kartoniert. ●

Squash
(2311-1) Von P. Langhammer, R. Michna, 96 S., 86 Farbfotos, 13 Farbzeichn., kartoniert. ●●

Squash
Ausrüstung · Technik · Regeln
(0539-1) Von D. von Horn, H.-D. Stünitz, 96 S., 55 s/w-Fotos, 25 Zeichnungen, kart. ●

SportRegeln Squash
Wissenswertes von A bis Z
(1100-8) 64 S., 11 s/w-Fotos, 23 Zeichnungen, kartoniert. ●

Darts
Technik · Taktik · Spiel
(1466-X) Von R.W. Sohlbach, ca. 112 S., kart. ●●

Golf
Neue Wege zum erfolgreichen Spiel
(4509-3) Von O. Heuler, ca. 144 S., zahlr. Farbabbildungen, Pappband. ●●●●●

SportRegeln Golf
(1315-9) 96 S., 19 s/w-Fotos, kartoniert. ●

Golf
Ausrüstung und Technik.
(0343-9) Von J. C. Jessop, 96 S., 57 Abb., Anhang Golfregeln des DGV, kart. ●

Eishockey
Lauf- und Stocktechnik, Körperspiel, Taktik, Ausrüstung und Regeln.
(0414-1) Von J. Čapla, 264 S., 548 s/w-Fotos, 163 Zeichnungen, kartoniert. ●●●

SportRegeln Eishockey
(1098-2) 116 Seiten, kartoniert. ●

Billard
Grundstöße · Viertelbillard und Freie Partie
(1313-2) Von Dr. H. Stingel, 112 Seiten, 196 Zeichnungen, kartoniert. ●●

Grundlagen für Training und Spiel
Pool-Billard
(2318-9) Von B. Pejcic, R. Meyer, 96 S., durchgehend vierfarbig, kartoniert. ●●

Pool-Billard
(0484-2) Herausgegeben vom Deutschen Pool-Billard-Bund. Von M.Bach, K.-W. Kühn, 104 S., 64 Abbildungen, kartoniert. ●

FALKEN Video
Reiten
Von der ersten Stunde bis zum Ausritt
(6097-1) VHS, ca. 60 Min., in Farbe, mit Begleitheft. ●●●●*

Reiten
(2322-7) Von T. Eckholt, 128 S., durchgehend vierfarbig, kartoniert. ●●

Tanzstunde
Das Welttanzprogramm leicht gelernt
(4409-2) Von G. Hädrich, 164 S., 489 s/w-Fotos, 63 Zeichnungen, Pappband. ●●

Wir lernen Tanzen
(0200-9) Von E. Fern, 152 S., 119 s/w-Fotos, 47 Zeichnungen, kartoniert. ●●

Anmutig und fit durch
Bauchtanz
(0911-9) Von Marta, 120 S., 229 Farbfotos, 6 s/w-Zeichnungen, kart. ●●●

Segeln
(1364-X) Von H. Mönster u.a., ca. 128 Seiten, durchgehend vierfarbig, zahlr. Abbildungen, kartoniert. ●●●

Sporttauchen
Theorie und Praxis des Gerätetauchens
(0647-0) Von S. Müßig, 144 S., 4 Farbtafeln, 35 s/w-Fotos, 89 Zeichnungen, kart. ●●

Fit mit Sporttauchen
(2320-0) Von Dr. F. Naglschmid, 112 Seiten, 71 Farbfotos, 21 Zeichnungen, kart. ●●

Angelfischerei von Aal bis Zander
Fische · Geräte · Technik.
(0324-2) Von H. Oppel, 72 Seiten, 16 Farbtafeln, 49 s/w-Abb., kartoniert. ●●

Angeln
Kleine Fibel für den Sportfischer.
(0198-3) Von E. Bondick, 80 Seiten, 4 Farbtafeln, 116 Abbildungen, kartoniert. ●

Snowboarding
Ausrüstung · Fahrtechnik · Wettkämpfe
Videokassette (6139-0) VHS, ca. 45 Min., in Farbe. ●●●●*

Fibel für Kegelfreunde
Sport- und Freizeitspiele · Bowling
(0191-6) Von G. Bocsai, 72 Seiten, 62 Abb., kartoniert ●

111spannende Kegelspiele
(2031-1) Von H. Regulski, 80 S., 53 Zeichnungen, kartoniert. ●

Mensch und Gesundheit

Der moderne Ratgeber
Wir werden Eltern
Schwangerschaft · Geburt · Erziehung des Kleinkindes.
(**4269**-8) Von B. Nees-Delaval, 376 Seiten, 335 2-farbige Abb., Pappband. ●●●●

Ich freue mich auf mein Baby
Ratgeber und Tagebuch für die Schwangerschaft
(**4711**-8) Von E. Portz-Schmitt, 184 S., 18 Farbfotos, 72 Farbzeichn., Pappband. ●●●●

Ich bekomme ein Baby
Wegweiser für Schwangerschaft und Geburt
(**1254**-3) Von B. Nees-Delaval, 144 Seiten, durchgehend zweifarbig, kartoniert. ●●

Wenn der Mensch zum Vater wird
Ein heiter-besinnlicher Ratgeber
(**4259**-0) Von D. Zimmer, 160 S., 20 Zeichnungen, Pappband. ●●●

AOK Bibliothek
Schwangerschaftsgymnastik und Geburtsvorbereitung
(**1423**-6) Von L. Keller, 112 S., 137 Farbfotos, 12 Farbzeichnungen, kartoniert. ●●●

Vorbereitung auf die Geburt und
Schwangerschaftsgymnastik
Atmung, Rückbildungsgymnastik,
(**0251**-3) Von S. Buchholz, 112 Seiten, 98 s/w-Fotos, kartoniert. ●

AOK-Bibliothek
Rückbildungsgymnastik ·
Informationen, Tips und Übungen
(**1470**-8) Von L. Keller, ca. 112 Seiten, zahlreiche Farbfotos und Farbillustrationen, kartoniert. ●●●*

AOK-Videothek
FALKEN Video
Rückbildungsgymnastik
Informationen, Tips und Übungen
(**6176**-5) Laufzeit ca. 30 Minuten. ●●●●*

Die Kunst des Stillens
nach neuesten Erkenntnissen
(**0701**-9) Von Dr. med. E. Schmidt, S. Brunn, 112 S., 20 Fotos und Zeichnungen, kartoniert. ●

Der große FALKEN BabyKurs
Pflege · Ernährung · Entwicklung · Erziehung
(**4739**-8) Von K. Schutt, ca. 352 Seiten, ca. 400 Farbfotos, gebunden. ●●●

Das Babybuch
Pflege · Ernährung · Entwicklung
(**0531**-6) Von A. Burkert, 96 Seiten, 76 zweifarbige Zeichnungen, 22 s/w-Zeichnungen, kartoniert. ●●

Babyfitneß
Massage, Spiele, Gymnastik und Schwimmen für Kinder im 1. Lebensjahr
(**1034**-6) Von G. Zeiß, 112 Seiten, 179 zweifarbige Illustrationen, , kartoniert. ●●

Wenn Kinder krank werden
Medizinischer Ratgeber für Eltern
(**4240**-X) Von B. Nees-Delaval, 232 Seiten, 163 Zeichnungen, Pappband. ●●●

Keinen Mann um jeden Preis
Das neue Selbstverständnis der Frau in der Partnerbeziehung
(**4440**-2) Von Shere Hite, Kate Colleran, 208 Seiten, Pappband. ●●

Total verknallt…und keine Ahnung?
Alles über Liebe, Sex und Zärtlichkeit
(**1024**-9) Von H. Bruckner, R. Rathgeber, 104 S., 38 Abbildungen, kartoniert. ●●

Streicheleinheiten für Körper und Seele
Partnermassage
(**4444**-5) Von Chr. Unseld-Baumanns, 136 S., 145 Farbfotos, Pappband. ●●●

Partner gesucht
Die besten Tips und Strategien fürs Kennenlernen
(**1481**-3) Von Dr. C. Harmsen, 128 Seiten, kartoniert. ●●

freundin Ratgeber
Glück braucht Mut
Die Psycho-Logik des Jens Corssen
(**1176**-8) Von J. Corssen, B. Schmidt, 160 S., kartoniert. ●●

freundin Ratgeber
Die faire Trennung
Wie man mit Anstand auseinandergeht
(**1477**-5) Von I.Weber, ca. 144 S., kart. ●●

Angst und Panik
Ursachen · Symptome · Therapie
(**1422**-8) Von Prof. Dr. H.-R. Lückert, 176 S., kartoniert. ●●●

Wörterbuch der Medizin
(**4535**-2) 400 Seiten, 229 Farbfotos, Pappband. ●●●●

Bildatlas des menschlichen Körpers
(**4177**-2) Von G. Pogliani, V. Vannini, 112 Seiten, 402 Farbabbildungen, 28 s/w-Fotos,
Pappband. ●●●●

Richtig essen bei
Nahrungsmittelallergien
(**4745**-2) Von Dr. med. C.Thiel, A. Ilies, 128 S., ca. 90 Farbf., gebunden. ●●●

Nahrungsmittelallergien
So ernähren Sie sich richtig!
(**0913**-5) Von Priv.-Doz. Dr. med. Dr. med. habil. J. von Mayenburg, Prof. Dr. med. Dr. phil. S. Borelli, E. Polster, 136 S., kart. ●●

Neurodermitis
Ursachen · Ganzheitliche Behandlung · Selbsthilfe
(**1218**-7) Von Prof. Dr. med. Dr. phil. S. Borelli, 144 S., kartoniert. ●●

Bluthochdruck
Risikofaktoren · Vorbeugung · Behandlung
(**1125**-3) Von Prof. Dr. med. D. Klaus, R. Unsorg, G. Leibold, 152 S., 25 Farbfotos, 22 Farbzeichnungen, kartoniert. ●●●

Arteriosklerose
Risikofaktoren/Vorbeugung/Therapie
Richtige Ernährung bei erhöhtem Cholesterinspiegel.
(**1020**-6) Von Prof. Dr. med. G. Assmann, Dr. troph. U. Wahrburg, 192 S., 84 farb. Abb., 4 s/w-Zeichnungen, kartoniert. ●●●

Asthma
Pseudokrupp, Bronchitis und Lungenemphysem
Krankheitsbilder · Diagnose · Therapie
(**1126**-1) Von Prof. Dr. med. W. Schmidt, S. Ertelt, 152 S., 110 zweif. Zeichn., kart. ●●●●

Risiko Herzinfarkt
Empfohlen von der Deutschen Herzstiftung
(**1217**-9) Von C. Halhuber, M. J. Halhuber, 152 S., 38 Farb- und 8 s/w-Zeichnungen, kartoniert. ●●●

So arbeitet das Immunsystem
Funktionsweise · Störungen · Natürliche Stärkung
(**1253**-5) Von V. Friebel, J. Ledvina, A. Roßmeier, 168 S., 18 Farbtafeln, 38 zweifarbige Zeichnungen, kartoniert. ●●●

Diabetes
Krankheitsbild, Therapie, Kontrollen, Schwangerschaft, Sport, Urlaub, Alltagsprobleme. Neueste Erkenntnisse der Diabetesforschung. (**0895**-3) Von Dr. med. H. J. Krönke, 120 S., 4 Farbtafeln, 14 s/w-Fotos, 13 s/w-Zeichnungen, kartoniert. ●●

AOK-Bibliothek
Gesunde Haut
Ratgeber für Pflege und Gesundheit
(**1468**-6) Von Dr. med. J. Müller und Dr. med. K.-U. Schmidt, ca. 112 Seiten, zahlr. Abbildungen, durchgehend vierfarbig, kart. ●●●

Naturkosmetik
Die Grundlagen gesunder und natürlicher Hautpflege.
(**1080**-X) Von N. E. Haas, 120 Seiten, 63 Farbabbildungen, kartoniert. ●●

Die sanfte Art des Heilens
Homöopathie
Praktische Anwendung und Arzneimittellehre
(**4418**-X) Von J. H. P. Kreuter, 216 S., 49 Zeichnungen, Pappband. ●●●

Aromatherapie
Gesundheit und Entspannung durch ätherische Öle.
(**1131**-9) Von K. Schutt, 96 S., 40 zweifarbige Abbildungen, kartoniert. ●●

Heilatmen
Ein Weg zu Lebenskraft und innerer Harmonie
(**1047**-8) Von K. Schutt, 112 S., 57 zweifarbige Abbildungen, kartoniert. ●●

Bewährte Naturheilverfahren bei
Herz-Kreislauf-Erkrankungen
(**1084**-2) Von Dr. med. O. Wolff, G. Leibold, 104 Seiten, kartoniert. ●

Risiko Herzinfarkt
(**1217**-9) Von Dr. C. Halhuber, Prof. Dr. M. J. Halhuber, 160 S., durchgehend zweifarbig, kartoniert. ●●●

Krebsangst und Krebs behandeln
Mit einem Vorwort von Prof. Dr. med. Friedrich Douwes.
(**0839**-2) Von G. Leibold, 104 Seiten, kartoniert. ●

Bewährte Naturheilverfahren bei
Krebs
(**1082**-6) Hrsg. H.-R. Heiligtag, 88 Seiten, kartoniert. ●

Heilen mit Blütenenergien
nach Dr. Bach
(**1141**-5) Von J. Wenzel, ca. 96 S., kartoniert. ●

Bewährte Naturheilverfahren bei
Migräne und Schlafstörungen
(**1081**-8) Von G. Leibold, Dr. med. H. Chr. Scheiner, 112 Seiten, kartoniert. ●●

Gesunder Schlaf
Schlafstörungen ohne Medikamente erfolgreich behandeln.
(**1036**-2) Von D. H. Alke, 88 S., 22 s/w-Abb., mit Audiokassette, kartoniert. ●●●

Natürliche Behandlungsmethoden bei
Rückenschmerzen
Massage · Gymnastik · Entspannung
(**4447**-X) Von Prof. Dr. med. H. Hess, K. Eder, H.-J. Montag, K. Schutt, 152 S., 168 Farbabbildungen, Pappband. ●●●

TELE-Rückenschule
Wohlbefinden durch bewußte Körpererfahrung
(**1310**-8) Von K. Haak, 64 S., 19 Farb-, 24 s/w-Fotos, 24 Zeichnungen, 2 Ausklapptafeln, mit Audiokassette, kartoniert. ●●●●

TELE-Rückenschule
Wohlbefinden durch bewußte Körpererfahrung
Videokassette (**6108**-0) VHS, ca. 60 Min., in Farbe, mit Broschüre. ●●●●*

Rheuma behandeln und lindern
Mit einem Vorwort von Dr. med. Max-Otto Bruker.
(**0836**-8) Von G. Leibold, 96 Seiten, kartoniert. ●

Besser sehen durch Augentraining
Ein Gesundheitsprogramm zur Verbesserung des Sehvermögens.
(**0914**-3) Von K. Schutt, B. Rumpler, 96 S., 32 s/w-Zeichnungen, kartoniert. ●●

So arbeitet das
Immunsystem
(**1253**-5) Von V. Friebel, I. Ledvina, A. Roßmeier, 192 Seiten, durchgehend zweifarbig, kartoniert. ●●●

Allergien behandeln und lindern
Mit einem Vorwort von Prof. Dr. med. Axel Stemmann.
(**0840**-6) Von G. Leibold, 96 Seiten, 4 Zeichnungen, kartoniert. ●

Enzyme
Vitalstoffe für die Gesundheit
(**0677**-2) Von G. Leibold, 96 S., kartoniert. ●

Besser leben durch Fasten
(**0841**-4) Von G. Leibold, 96 S., kartoniert. ●

Massagetechniken und Heilanzeigen
Reflexzonentherapie
(**4404**-6) Von G. Leibold, 128 Seiten, 53 Farbzeichnungen, Pappband. ●●●

Akupressur zur Eigenbehandlung
(**0417**-6) Von G. Leibold, 112 S., 78 Abb., kartoniert.●

Shiatsu-Massage
Harmonisierung der Energieströme im Körper
(**0615**-2) Von G. Leibold, 196 S., 180 Abb., kartoniert. ●●●

Fußsohlenmassage
Heilanzeigen · Technik · Selbsthilfe
(**0714**-0) Von G. Leibold, 96 S., 38 Zeichnungen, kartoniert. ●

Entspannung und Schmerzlinderung durch
Massage
(**0750**-7) Von B. Rumpler, K. Schutt, 112 S., 116 zweifarbige Zeichnungen, kartoniert. ●

Gesundheit und Entspannung durch
Massage
(**1317**-5) Von K. Schutt, 168 S., 126 Farbfotos, 61 Farbzeichnungen, kartoniert. ●●●

Gesundheit für Körper und Seele
Entspannung
(**1471**-6) Von K. Schutt, ca. 80 Seiten, durchgehend zweifarbig, kartoniert, Audiokassette ca. 60 Minuten Laufzeit. ●●●●

Entspannung
(**0834**-1) Von Dr. Med. Chr. Schenk, 88 S., 29 Zeichnungen, kartoniert. ●

Autogenes Training
Ein Programm zur Streßbewältigung
(**1278**-0) Von Dr. P. Kruse, B. Pavlekovic, K. Haak, 112 S., durchgehend zweifarbig, kartoniert. ●●●

Erfolg und Lebensfreude durch
Autogenes Training und Psychokybernetik
(**1035**-4) Von D. H. Alke, 80 Seiten, 2 s/w-Zeichnungen, mit Audiokassette, kartoniert. ●●●

Chinesisches Schattenboxen
Tai-Ji-Quan
für geistige und körperliche Harmonie
(**0850**-3) Von F.T. Lie, 120 S., 221 s/w-Fotos, 9 s/w-Zeichnungen, Beilage: 1 s/w-Poster mit zahlreichen Abbildungen, kartoniert. ●●

AOK-Bibliothek
Qi-Gong im Alltag
Chinesische Atem- und Bewegungsübungen
(**1316**-7) Von L. U. Schoefer, ca. 80 Seiten, durchgehend vierfarbig, zahlreiche Fotos, kartoniert. ●●

AOK-Bibliothek
Qi-Gong im Alltag
Chinesische Atem- und Bewegungsübungen
(**1427**-9) Von L. U. Schoefer, ca. 80 Seiten, durchgehend vierfarbig, zahlreiche Fotos, kartoniert, mit Audiokassette. ●●●●

AOK-Videothek
Qi-Gong im Alltag
Chinesische Atem- und Bewegungsübungen
(**6179**-X) Von L. U. Schoefer, ca. 60 Minuten Laufzeit. ●●●●

Yoga für jeden
(**1277**-2) Von K. Zebroff, 144 Seiten, Spiralbindung, durchgehend vierfarbig, kartoniert. ●●●

Yoga
Weg zur Harmonie
(**4417**-8) Von A. Harf, W. von Rohr, 176 S., 171 Farbf., 12 s/w-Zeichn., Pappband. ●●●●

Yoga gegen Haltungsschäden und Rückenschmerzen
(**0394**-3) Von A. Raab, 104 S., 215 Abb., kart. ●

AOK-Bibliothek
Radwandern
für die Gesundheit
(**1369**-8) Von S. Kälberer, J.−U. Knoll, 128 S., 126 Farbfotos, kartoniert. ●●●

AOK-Bilbliothek
Osteoporose
Vorbeugen · Diagnose · Behandlung
(**1371**-X) Von A. Baumgarten, 96 S., 74 Farbfotos, 17 Farbzeichn., kartoniert. ●●●

AOK-Bibliothek
Erkältungskrankheiten
Vorbeugung und Behandlung
(**1372**-8) Von G. Leibold, 112 S., 74 Farbfotos, 7 Farbzeichn., kartoniert. ●●●

AOK-Bibliothek
Krankenpflege zu Hause
Anleitungen, Tips und Informationen
(**1373**-6) Von S. Hof, 104 S., 68 Farbfotos, 32 Farbzeichn., kartoniert. ●●●

PfundsKur Kochbuch
(**4726**-6) Von F. Metzler, 112 S., 81 Farbfotos, Pappband. ●●●

Fit ohne Fett
Die neue PfundsKur
(**1370**-1) Von Prof. Dr. V. Pudel, 128 Seiten, kartoniert. ●●

Die aktuelle
Ballaststofftabelle
(**1288**-8) Von Dr. H. Oberritter, 80 Seiten, kartoniert. ●

Neue Rezepte für **Diabetiker-Diät**
Vollwertig · abwechslungsreich · kalorienarm
(**0418**-4) Von M. Oehlrich, 96 S., 8 Farbtafeln, kartoniert. ●

Diät bei Herzkrankheiten und Bluthochdruck
Rezeptteil von B. Zöllner.
(**3202**-1) Von Prof. Dr. med. H. Rottka, 92 S., 4 Farbtafeln, kartoniert. ●●

Diät bei Erkrankungen der Nieren, Harnwege und bei Dialysebehandlung
Rezeptteil von B. Zöllner.
(**3203**-X) Von Prof. Dr. med. Dr. h. c. H. J. Sarre und Prof. Dr. med. R. Kluthe, 96 S., 33 Farbfotos, 1 s/w-Zeichnung, kartoniert. ●●

Diät bei Gicht und Harnsäuresteinen
Rezeptteil von B. Zöllner.
(**3205**-6) Von Prof. med. N. Zöllner, 112 S., 35 Farbtafeln, kartoniert. ●●

Diät bei Zuckerkrankheit
Rezeptteil von B. Zöllner (**3206**-4) Von Prof. Dr. med. P. Dieterle, 112 S., 42 Farbfotos, 4 vierfarbige Vignetten, 1 s/w-Zeichnung, kartoniert. ●●

Diät bei erhöhtem Cholesterinspiegel und anderen Fettstoffwechselstörungen
Rezeptteil von B. Zöllner.
(**3208**-0) Von Prof. Dr. med. G. Wolfram, 102 S., 32 Farbfotos, kartoniert. ●●

Ballaststoffreiche Kost bei Funktionsstörungen des Darms
Rezeptteil von B. Zöllner.
(**3212**-9) Von Prof. Dr. med. H. Kasper, 96 Seiten, 34 Farbfotos, 1 s/w-Foto, kartoniert. ●●

Diät bei Krankheiten des Magens und Zwölffingerdarms
Rezeptteil von B. Zöllner.
(**3201**-3) Von Prof. Dr. med. H. Kaess, 96 Seiten, 35 Farbfotos, 1 s/w-Zeichnung, kartoniert. ●●

Diät bei Krankheiten der Gallenblase, Leber und Bauchspeicheldrüse
Rezeptteil von B. Zöllner.
(**3207**-2) Von Prof. Dr. med. H. Kasper, 88 Seiten, 35 Farbfotos, 1 s/w-Zeichnung, , kartoniert. ●●

Video

Hobby Aquarellmalen
Landschaft und Stilleben
(**6022**-X) VHS, 40 Min., in Farbe, mit Begleitheft. ●●●●

Hobby Ölmalerei
Landschaft und Stilleben
(**6025**-4) VHS, 40 Min., in Farbe, mit Begleitheft. ●●●●

Seidenmalerei
leicht gemacht
(**6173**-0) VHS, ca. 30 Min., in Farbe ●●●●

Basteln mit Kindern
(**6041**-6) VHS, 60 Min., in Farbe, mit Vorlagen in Originalgröße, mit Begleitheft. ●●●

Die Modelleisenbahn
Anlagenbau in Modultechnik
(**6028**-9) VHS, 30 Min., in Farbe. ●●●●

Golf
(**6053**-X) VHS, 60 Min., in Farbe, mit Begleitheft. ●●●●●*

Reiten
(**6097**-1) VHS, ca. 60 Min., in Farbe, mit Begleitbroschüre. ●●●●*

Karate
Einführung und Grundtechniken
(**6037**-8) VHS, ca. 45 Min., in Farbe, mit Begleitbroschüre. ●●●●*

Skigymnastik perfekt
(**6052**-1) VHS, ca. 60 Min., in Farbe, mit Begleitbroschüre. ●●●●*

Snowboarding
(**6139**-0) VHS, ca. 45 Min., in Farbe, mit Broschüre.●●●●*

Pflanzenjournal
Blumen- und Pflanzenpflege im Jahreslauf
(**6036**-X) VHS, 30 Minuten, mit Begleitheft. ●●●●

Schnitt und Pflege
von Bäumen und Sträuchern
(**6050**-5) VHS, 45 Minuten, in Farbe, mit Begleitheft. ●●●●*

Erfolgreiche Streßbewältigung
Autogenes Training
Video 1: Einführung und Kurs
Video 2: Übungen
(**6132**-3) VHS, jeweils ca. 60 Minuten, in Farbe. ●●●●●

Aktfotografie
Gestaltung/Technik/Spezialeffekte
Interpretationen zu einem unerschöpflichen Thema
(**6001**-7) VHS, 60 Min., in Farbe, mit Begleitheft. ●●●●

Videografieren perfekt
Profitricks für Aufnahmetechnik und Nachbearbeitung
(**6042**-4) VHS, (**6044**-4) Video 8, 60 Min., in Farbe, mit Begleitheft. ●●●●●*

Besser Videofilmen
(**6172**-2) VHS, ca. 60 Minuten, in Farbe. ●●●●●

Top-Form Gymnastik
Ein Bewegungsprogramm für pfundige Leute
(**6144**-7) VHS, ca. 30 Minuten, in Farbe ●●●●

Fit ohne Fett
PfundsKur Video
(**6142**-0) VHS, ca. 40 Min., in Farbe.●●●●*

Streicheleinheiten für Körper und Seele
Partnermassage
(**6051**-3) VHS, 45 Min., in Farbe, mit Begleitheft. ●●●●*

Tele Partner Massage
Zärtliche Entspannung zu zweit
(**6131**-5) VHS, ca. 60 Minuten, in Farbe.
●●●●*

Sinnliche Stunden
(**6099**-8) VHS, ca. 60 Min., in Farbe, mit
Begleitbroschüre. ●●●●●*

Nie wieder rauchen
(**6100**-5) VHS, ca. 45 Min., in Farbe, mit
Begleitbroschüre. ●●●●*

New York
(**6151**-X) VHS, ca. 60 Min., in Farbe. ●●●●*

Kalifornien
(**6152**-8) VHS, ca. 60 Min., in Farbe. ●●●●*

USA Südwest
(**6153**-6) VHS, ca. 60 Min., in Farbe. ●●●●*

Florida
(**6154**-4) VHS, ca. 60 Min., in Farbe. ●●●●*

Hawaii
(**6164**-1) VHS, ca. 60 Min., in Farbe. ●●●●*

Irland
(**6167**-6) VHS, ca. 60 Min., in Farbe. ●●●●*

Norwegen
(**6161**-7) VHS, ca. 60 Min., in Farbe. ●●●●*

Kanarische Inseln
(**6162**-5) VHS, ca. 60 Min., in Farbe. ●●●●*

Mallorca
(**6143**-9) VHS, ca. 60 Min., in Farbe. ●●●●*

Toscana
(**6148**-X) VHS, ca. 60 Min., in Farbe. ●●●●*

Rom
(**6145**-5) VHS, ca. 60 Min., in Farbe. ●●●●*

Venedig
(**6146**-3) VHS, ca. 60 Min., in Farbe. ●●●●*

Florenz
(**6147**-1) VHS, ca. 60 Min., in Farbe. ●●●●*

Paris
(**6157**-9) VHS, ca. 60 Min., in Farbe. ●●●●*

Wien
(**6158**-7) VHS, ca. 60 Min., in Farbe. ●●●●*

London
(**6159**-5) VHS, ca. 60 Min., in Farbe. ●●●●*

Prag
(**6165**-X) VHS, ca. 60 Min., in Farbe. ●●●●*

Griechische Inseln
(**6166**-8) VHS, ca. 60 Min., in Farbe. ●●●●*

Kuba
(**6150**-1) VHS, ca. 60 Min., in Farbe. ●●●●*

Dominikanische Republik
(**6163**-3) VHS, ca. 60 Min., in Farbe. ●●●●*

Malediven
(**6156**-0) VHS, ca. 60 Min., in Farbe. ●●●●*

Bali
(**6149**-8) VHS, ca. 60 Min., in Farbe. ●●●●*

Thailand
(**6155**-2) VHS, ca. 60 Min., in Farbe. ●●●●*

Hongkong
(**6160**-9) VHS, ca. 60 Min., in Farbe. ●●●●*

Berlin
(**6177**-3) Laufzeit ca. 60 Minuten. ●●●●*

Tunesien
(**6174**-9) Laufzeit ca. 60 Minuten. ●●●●*

Kanada
(**6178**-1) Laufzeit ca. 60 Minuten. ●●●●*

Bestellschein

Erfüllungsort und Gerichtsstand für Vollkaufleute ist der jeweilige Sitz der
Lieferfirma. Für alle übrigen Kunden gilt dieser Gerichtsstand für das Mahn-
verfahren. Falls durch besondere Umstände Preisänderungen notwendig
werden, erfolgt Auftragserledigung zu dem bei der Lieferung gültigen Preis.

Ich bestelle hiermit aus dem Falken-Verlag GmbH, Postfach 1120, D-65521 Niedernhausen/Ts., durch die Buchhandlung:

_____ Ex. _____

_____ Ex. _____

_____ Ex. _____

_____ Ex. _____

Name: _____   Datum: _____

Straße: _____

Ort: _____   Unterschrift: _____

Die hier vorgestellten Bücher, Videokassetten und Software sind in folgende Preisgruppen unterteilt:

● Preisgruppe bis DM 10,–/S 79,–/SFr 11,–   ●●● Preisgruppe über DM 20,– bis DM 30,–   ●●●● Preisgruppe über DM 30,– bis DM 50,–
●● Preisgruppe über DM 10,– bis DM 20,–   S 161,– bis S 240,–   S 241,– bis S 400,–
        S 80,– bis S 160,–   SFr 21,– bis SFr 30,–   SFr 30,– bis SFr 50,–
        SFr 10,– bis SFr 21,–   ●●●●● Preisgruppe über DM 50,–/S 401,–/SFr 50,–   * (unverbindliche Preisempfehlung)

Die Preise entsprechen dem Status beim Druck dieses Verzeichnisses (s. Seite 1) – Änderungen, im besonderen der Preise, vorbehalten –

Falken-Verlag GmbH · Postfach 1120   **D-65521 Niedernhausen/Ts. · Tel.: 0 61 27 / 70 20**

16